Invertir en dividendos: guía para invertir en bolsa y lograr la libertad financiera

Antonio Robinhood

D1563673

Diseño de portada: Ana Karen Pérez.

Correcciones: Iliana C. Hernández.

Edición: C. y C. Ediciones.

Para cualquier cuestión: contacto@crearycorregir.com

GRACIAS POR ELEGIR ANTONIO ROBINHOOD

Te queremos recompensar tu compra dándote más de lo que esperabas: otro libro del mismo autor totalmente gratis. Lo puedes descargar siguiendo el enlace: https://www.subscribepage.com/librosdefinanzas.

También puedes hacerlo con el código QR:

Síguenos en redes sociales, puedes encontrarnos en Facebook con este enlace https://fb.me/antoniorobinhood y enviar mensajes en https://m.me/antoniorobinhood.

Y en Instagram: @antoniorobinhood.

Dedicado a quienes ayudan a los demás, especialmente a los que, como yo, enseñan a utilizar el dinero para lograr la libertad.

Este libro ha sido escrito con la misma intención que tienen todas las grandes investigaciones: desmitificar. Refutar lo que es considerado verdad.

En este caso, que invertir en acciones es algo limitado para los ricos y que para el resto del mundo resulta demasiado difícil y peligroso.

En estas páginas conocerás cómo es posible, sin necesidad de tener títulos, multiplicar tu capital dedicándole muy poco tiempo y gracias al trabajo de excelentes empresas.

No voy a repetir lo que puedas encontrar en otros libros, aunque sí es cierto que la información que empleo (los datos sobre las compañías) es de libre acceso en Internet. Mi opinión, mi experiencia y mi forma de escribirlas, son únicas.

Antes de acabar esta obra me he tomado el suficiente tiempo para leerme todo lo que he encontrado sobre el tema, fruto de ello tenemos una mayor concisión en estas líneas: al inicio se planificaron cientos de páginas, pero la facilidad actual, al menos en Occidente, para acceder a Internet, ha hecho que pueda prescindir de incluir todos los datos aquí, además, quedarían desactualizados.

Hay miles de páginas escritas por personas muy competentes, que le han dedicado décadas al tema, mi intención no es competir con esos libros. Al final del libro encuentras referencias para que puedas seguir investigando si te interesa algún tema en particular.

Aquí ofrezco una pieza única, lo que yo hubiese querido encontrar cuando empecé a invertir en dividendos: las normas para crear una estrategia exitosa y cuáles son las acciones más interesantes del panorama.

Además, si tienes la versión en papel tendrás un valor añadido. Esta obra no está hecha para ser leída y desechada: es una guía PRÁCTICA para tus inversiones, una herramienta organizacional que te ayudará a tener controladas las mejores acciones de dividendos del mundo.

Para ello te animo a hacer tus propias anotaciones. Encontrarás espacios en blanco que puedes cubrir con la información que más te interesa; como el calendario de dividendos, las noticias que vayan saliendo, los resultados de próximos reportes y todo lo que consideres provechoso.

Actualiza este libro, es tuyo y está aquí para ayudarte.

Si ya eres un inversor experto, muy bien organizado y eficiente, quizás no necesites estas páginas. Pero, si te gusta la literatura, puedes darles una oportunidad. Aquí vuelco mi punto de vista, escribo el libro que a mí me hubiese gustado leer cuando empecé a operar en bolsa.

Hay que combatir la desinformación. El conocimiento es poder.

Si no te fías mucho de los asesores financieros que trabajan para los bancos, este libro es para ti.

Si crees que comprar activos y poner a trabajar tu dinero es buena idea, este libro es para ti.

Si te interesa la libertad financiera (jubilarte sin depender de bancos ni gobiernos), este libro es para ti.

Si quieres ahorrarte las comisiones de un fondo de inversión o plan de pensiones, este libro es para ti.

Si quieres saber más sobre la mejor estrategia de inversión en dividendos, cómo llevarla a cabo y cuáles son las mejores acciones que puedes conseguir, definitivamente, este libro es para ti.

¿Invertir en la bolsa de valores? ¿Invertir en bolsa para principiantes? ¿Invertir en acciones? Este libro es para ti.

Y ahora te estarás preguntando, quizás, quién soy yo para decir estas cosas, si tengo intereses ocultos, o qué encontrarás realmente en este libro, si es que todavía no te ha quedado claro.

El oscurantismo del mundo financiero hace imprescindibles libros como este. Me mueve un fuerte sentimiento de justicia. He aprendido que hay una enorme estafa en el sistema que enseñan y publicitan, y necesito comunicarlo.

Por ejemplo, ¿por qué estoy tan seguro de que dejarle nuestro dinero a un fondo de inversión (o plan de jubilación) no es buena idea? Porque fue un gestor financiero quien me lo dijo. No en las oficinas de un banco, claro, eso le hubiese costado el puesto; fue en un salón universitario.

Para entrar en contexto, estaba hablándonos sobre mercados financieros e inversión, sobre análisis de acciones para la compra y venta, tal como él gestionaba para un conocido banco. Nos estaba preparando para hacer ese mismo trabajo. Lo que dijo fue, más o menos: ´La rentabilidad que te exigen es de un 5 %, con que sepas un poco ya lo haces mejor´.

En otras palabras: para ser gestor de un fondo de inversión necesitas, al menos, lograr un 5 % de rentabilidad y eso es muy fácil; es un trabajo al que podemos aspirar (los financieros). Sin embargo, para invertir nuestro propio dinero, no es lo mejor: ´con que sepas un poco ya lo haces mejor´.

Confío en que ese poco de conocimiento necesario para obtener mejores rendimientos que el 99 % de los fondos de inversión está plasmado en mis libros.

De cualquier manera, vale la pena aclarar que, aunque "solo" consiguieses ese 5 %, ya estarías superando una inflación normal (a no ser que vivas en un país como Argentina o Venezuela) y, sobre todo, ahorrándote las comisiones de los gestores profesionales. Que, en la inmensa mayoría de los casos, ganen dinero o lo pierdan, las cobran.

Es cierto que en ocasiones hay un porcentaje variable según los rendimientos. Pero siempre hay un fijo, y eso es tremendamente injusto. Si te pagan por invertir dinero ajeno y lo pierdes, retírate.

Haz un favor a la humanidad y dedícate a producir algo de valor.

El negocio de la banca está lleno de *pseudoestafas* como esta, pagarles a supuestos expertos por hacer algo que, de *facto*, te perjudica. Pero este libro no es el lugar para tal exposición.

Más que destructores, somos constructores.

Luego, cada quien que haga lo que quiera con su dinero. Ya lo dijo no sé quién: 'El problema de no leer es que te obliga a creerte lo que te cuentan'.

Este libro no es sobre especulación, aquí no se trata (solo) de hacer dinero sin sudar. La inversión apostar por crear un futuro mejor.

Yo lo veo así. Esos gestores que se quedan dinero por especular, no. Por eso este libro tiene que llegar a todas las personas que sea posible: compártelo, regálalo.

A lo largo de los años es enorme la diferencia entre los resultados de responsabilizarte de tu dinero y dejarlo en manos de asesores, supuestamente muy cualificados, pero que quizás ni siquiera hacen lo mismo que predican.

Si alguien te aconseja invertir en algún fondo, pregúntale cuánto dinero tiene en él. ¿Comprarías un producto que la propia persona que te lo vende no usa? Imagínate que vas a un restaurante y ves que el personal, en vez de comer ahí, lo hace en el bar de enfrente. ¿Dónde crees que habrá mejor comida?

El trabajo es contrastar siempre toda la información o propuestas que recibamos. Preguntar cada detalle hasta comprender todo y no dejar de estudiar sobre economía y finanzas, sobre nuestro entorno y el valor del dinero en él. No hace falta ir a bibliotecas, aunque algunas albergan joyas.

Conoce todo lo que puedas. Confronta ideas. Sé crítico. Toma tus propias decisiones y responsabilízate de ello. Establece un sistema para que lo puedas hacer de forma automática, dejando las emociones de lado.

Este libro, así como otros, míos y de otros autores, son de las mejores inversiones que puedes realizar en este momento: educación financiera.

Unas horas invertidas en aprender cómo tu dinero puede trabajar por ti, puede ahorrarte muchísimos años trabajando tú por el dinero.

Invertir en dividendos es una de las mejores opciones para sacar rendimiento de tu dinero, y puede ser preferible a, por ejemplo, la clásica inversión en propiedad inmobiliarias. No solo porque el dinero de la vivienda ha caído en picado y existe *stock* que no sale al mercado para que los precios no sigan cayendo. También porque, si de verdad te interesa invertir en bienes raíces, puedes hacerlo a través de la bolsa, sin tener que preocuparte por los inquilinos, la ubicación, los papeleos, impuestos... Todo mucho más sencillo, inviertes en, por ejemplo, Realty Income o Gladstone Commercial, que pagan dividendo mensual, y, al igual que una renta, tendrás todos los meses un ingreso recurrente en tu cuenta bancaria.

¿Y dónde puedo obtener mejor rendimiento? Dejando de lado el punto ya mencionado de la comodidad, ¿dónde ganas más dinero? En la mayoría de los casos, la respuesta también es en la bolsa. Es cierto que es posible hacer desarrollo inmobiliario, encontrar gangas, añadir valor mediante reformas, etc., y obtener rendimientos asombrosos, pero lo mismo sucede en la bolsa. Solo que tu única tarea es encontrar, desde dónde quieras, en qué empresas invertir, cómo hacerlo y en qué momento. Y de eso va este libro, ya te voy a adelantar algo: lo más seguro y rentable es ir al largo plazo. Compra acciones con las que puedas estar toda la vida, aunque si su precio sube por encima de cierto punto, venderlas puede ser interesante.

¿Un libro sobre dividendos hablando de vender acciones? Parece contradictorio, pero no lo es. No se trata de tener una doctrina cerrada y única de solo invertir en dividendos y nunca vender. La operativa es tan flexible como quieras que sea.

Este libro tiene tres capítulos, en el primero explico por qué me gustan tanto invertir en dividendos, en el segundo te presento algunos comentarios respecto a los principales mercados en el mundo, y en el tercero te digo concretamente cuáles son las mejores acciones para invertir en dividendos.

Capítulo 1. ¿Por qué invertir en dividendos?

La inversión en dividendos pone a tu dinero a trabajar por ti, de forma segura y sostenible. No requiere necesariamente mucho tiempo. Implica una gestión pasiva, puedes ser un gran inversor con solo dedicarle unos minutos al mes a elegir qué acciones de dividendos comprar según cómo hayan variado los precios. Si alguna de tus empresas cotiza a un precio menor, compras más. Si surgen nuevas oportunidades, las aprovechas.

Es tan fácil, y difícil, como lo es elegir cuánto capital invertir y diversificar (sin pasarse, en el capítulo tres encuentras algunos apuntes sobre el tema) comprando parte de algunas de las mejores empresas del mundo. Ellas trabajarán para ti. ¿Te imaginas tener a millones de profesionales produciendo rendimientos para ti? Invirtiendo en bolsa es posible.

En este capítulo voy a explicarte qué son los dividendos, cuál es el problema de los sistemas de pensiones y por qué salir de la carrera de la rata.

¿Qué son los dividendos?

Los dividendos son el dinero que una empresa reparte entre sus accionistas. Es una forma de retribuir a los inversores por arriesgar su capital comprando acciones de la compañía.

Lo más habitual es que el dividendo proceda de los beneficios pasados, algunas empresas lo hacen dos veces al año (cada seis meses), otras cada cuatro, otras cada tres e incluso hay algunas que lo hacen todos los meses.

Los tipos de dividendos se clasifican según cuándo sean repartidos:

Llamamos dividendo fijo a aquel que es repartido según lo haya decidido la empresa, independientemente de los resultados económicos y financieros. Por ejemplo, si una compañía establece en la junta de accionistas que el año próximo repartirá dividendos en dos ocasiones y por una suma de veinte céntimos por acción, se trataría de dividendos fijos.

El dividendo a cuenta se llama así porque es pagado antes de que se acabe el ejercicio: el periodo de tiempo en el que está planeado tener cierto balance financiero y realizar, o no, repartos de dividendos.

La empresa puede decidir cerrar primero sus cuentas (mensuales, trimestrales, anuales...) y, después, repartir dividendos; o, antes de que haya acabado el periodo, hacer los pagos a los accionistas, en ese caso serían dividendos a cuenta. Por ejemplo, si en el mismo año 2021 una empresa gana más dinero del esperado durante los primeros meses puede elegir repartir dividendos a cuenta (también puede decidirlo sin que haya superado las expectativas de beneficios, pero no es tan habitual).

Los dividendos a cuenta son útiles para la fiscalidad de las empresas ya que si durante un periodo sus ingresos son más altos de lo esperado eso puede suponer un aumento de las cargas fiscales, en cambio, si reparte el beneficio entre los accionistas la tributación se nos transfiere a nosotros, los accionistas que recibimos el dinero ya con una retención y posteriormente debemos declararlo.

El dividendo complementario surge cuando después de haber pagado el dividendo planificado, la empresa decide volver a retribuir a los accionistas. Siguiendo con el ejemplo anterior, la compañía obtiene más beneficios de los esperados y deciden, además de pagar dos veces al año un dividendo fijo de veinte céntimos por acción, repartir también un dividendo complementario de diez céntimos por acción.

A veces sucede que las empresas primero pagan un dividendo a cuenta y, si después las cifras son muy positivas, reparten también el dividendo complementario.

Eso significa que como accionista cobras más de lo que esperabas.

Cuando el reparto de dividendos es inesperado, procedente de alguna fuente que no estaba planeado, puede llevar a repartir dividendos extraordinarios.

Todos los dividendos pueden ser dados de tres formas diferentes, según los accionistas

reciben el pago:

El dinero aparece en la cuenta bancaria que tengas asociada a tu bróker, sin más historias, ya te han retenido los impuestos

En vez de darte dinero, te dan acciones. ¿Cuántas? Depende de cuántas tengas ya, puede que sea una por cada diez, quince, veinte o el número que decidan.

Luego, por supuesto, puedes elegir venderlas, pero esto conlleva tasas y, en la mayoría de los casos, comisiones del bróker. Yo uso Degiro, que no cobra comisiones de mantenimiento ni de manutención, por lo que es una excelente opción para invertir en dividendos. Además, tampoco cobra mucho por operar, por lo que puedo escalonar las posiciones (ir comprando periódicamente según si el precio baja o sube) sin que ello me suponga unas comisiones significativas.

Por si estás con el libro electrónico y quieres hacerte una cuenta en Degiro, te dejo mi enlace de afiliado (https://www.degiro.es/amigo-invita-amigo/empezar-a-invertir.html?id=FAF63A1A&utm_source=mgm).

Si abres tu cuenta después de hacer clic en el *link*, ambos podemos ahorrarnos 20 euros en comisiones por operar; es un reembolso lo que nos ofrecen: si ocupamos esos 20 euros en comisiones en menos de tres meses, nos los devuelven.

Solo cobra poco más de cincuenta céntimos por operación de compra o venta de acciones de Estados Unidos.

En la bolsa española últimamente se está usando mucho esta opción, ha sido la elegida por compañías como Santander y Telefónica. Es una mezcla entre el pago metálico y el pago en acciones, te permite elegir. Pueden hacer una ampliación de capital para sufragarlo por lo que el número de acciones total aumenta y, teóricamente, estarías igual después de recibir las nuevas acciones, aunque en la práctica puedes decidir venderlas (a precios de mercado o a la propia empresa) y cobrar lo equivalente a un dividendo.

Vale la pena destacar que esta forma de repartir dinero no habla tan bien de las empresas como el dinero en metálico. El argumento para hacer esta maniobra es no descapitalizar a la empresa, pero el hecho es que la situación patrimonial de los accionistas sí que se ve afectada, pues o aceptas las acciones, no las vendes y sigues teniendo el mismo porcentaje de la compañía. O cobras el dividendo y tu participación como accionista de la empresa porcentualmente se reduce.

Muchas veces teoría y práctica no coinciden, en teoría las acciones deberían bajar de precio exactamente lo mismo que reparten en dividendo, ya que es capital que están pagando. Sin embargo, los mercados aprecian positivamente el pago de dividendos y las acciones no suelen bajar su precio de cotización después de repartir el dividendo, al menos no es apreciable en el largo plazo, que es el que te importa.

La inversión en dividendos es una estrategia catalogada como conservadora, muy segura. Recuerda que, a más riesgo, mayor puede ser tanto el beneficio como la pérdida.

Si lo que quieres conseguir es grandes ganancias en poco tiempo, es en las acciones de crecimiento donde podrías encontrar mayores rendimientos, aunque nada te lo asegura. Lo que yo hago es llevar a cabo ambas estrategias, la mayor parte de mi cartera son acciones de dividendos, pero a veces también invierto en acciones de crecimiento. Con el paso de los años me vuelvo más conservador, valoro más la seguridad, vendo acciones de crecimiento y reinvierto la mayor parte del capital en acciones de dividendos.

Seguro que te estás preguntando cuántos ingresos puedes conseguir con los dividendos, vamos a entrar en materia. Por ejemplo: AT&T, el precio de cotización de una acción actualmente es aproximadamente de 30 dólares (USD) y reparte, aproximadamente, 2 USD al año.

Es decir, retirando el dinero y no aprovechando el interés compuesto (este tema del interés compuesto es muy importante que lo entiendas y apliques, en pocas palabras:

si reinviertes los rendimientos, en lugar de retirarlos, los resultados se vuelven exponenciales), en 15 años habrías recuperado la inversión y tendrías el activo intacto.

Con el auge de las telecomunicaciones es probable que incluso disfrutases de una revaloración con un beneficio latente de entre el 30 y el 100 %. Aunque hay mucha competencia, la digitalización de la economía las convierte en proveedores esenciales para la vida diaria.

Eso sin descontarle impuestos y comisiones del bróker. Si estás interesado en una operativa para el largo plazo (que son las más seguras) necesitas que no te cobren comisiones por mantenimiento (o, en el peor de los casos, que sean lo más pequeñas que sea posible). Es muy importante.

Como ya dije, Degiro no te cobra, si estás en Europa te sirve, si estás en América, quizás Robinhood (de Google) o Interactive Brokers sean buenas opciones.

Nunca eToro ni IqOption. Si quieres saber por qué, busca las denuncias que tienen por abusos en el cambio de divisas y la cantidad de personas que no han podido retirar su dinero.

Siguiendo con la hipótesis de una cartera con acciones de AT&T, para conseguir 20.000 USD al año, una cifra que proporciona una cierta seguridad financiera (todo depende del coste de tu estilo de vida, y de tus obligaciones), necesitas 10.000 acciones, que a 30 USD cada una, son 300.000 USD.

Con esa cifra, lo que cuesta una casa en algunas geografías, puedes invertir en dividendos y conseguir unas rentas con las que vivir, todo de forma automática, sin tener que hacer absolutamente nada después de haber comprado las acciones.

Si te estás pensando comprar un inmueble, o si ya lo tienes y estás pensando en venderlo, es normal que veas la inversión en dividendos como una alternativa a la trabajosa gestión personal de propiedades inmobiliarias.

Si no cuentas con ese capital, no por ello las acciones de dividendos no son para ti, este libro está hecho para pequeños inversores particulares. El objetivo es ayudar a quitar miedos y desmitificar la bolsa. Repito: no es difícil obtener buenos rendimientos en bolsa, no necesitas estudios universitarios para hacerlo. De hecho, los fondos de gestión activa (esos que te vende tu banco, por ejemplo, en forma de planes de pensiones o fondo de inversión) no son la mejor opción.

Los datos respaldan todo lo que digo: la inmensa mayoría de fondos han obtenido peores rendimientos que los índices. En otras palabras, es más probable que si inviertes en un ETF (un fondo indexado) o simplemente en las mejores acciones disponibles y no haces nada (no vendes, no especulas, solo compras periódicamente y te lo quedas, *buy and hold* le llaman a esta estrategia), tendrás mejores resultados que si le pagas a profesionales por comprar y vender acciones con tu dinero.

Sé que a muchos inversores bancarios les dolerá que lo diga, pero es la verdad. Están ahí por la desinformación y las barreras de entrada en forma de credencialismo (sin títulos universitarios no puedes acceder a diversos puestos profesionales). Se mantienen porque tienen férreos sistemas de control del riesgo con las que obtienen rendimientos pequeños, pero superiores a los intereses que ofrecen las cuentas de ahorros.

Las rentabilidades que ofrecen los fondos de inversión y los planes de pensiones son una basura, literalmente pierdes dinero poniendo ahí tu dinero. Si tienes suerte podrás compensar la inflación, pero no aspires a la libertad financiera por esta vía: necesitarías un capital más grande del que tiene alguien que confía en la banca privada y sus fondos de inversión o planes de pensiones.

Así de mal está el panorama.

Es mucho más económico conseguir la libertad financiera invirtiendo en dividendos.

Quizás ahora la bolsa solo sea otra de tus fuentes de ingresos, no la mayor, pero no subestimes el poder del interés compuesto, si inviertes de forma periódica y pones a trabajar también los beneficios, las cifras que puedes llegar a conseguir invirtiendo en dividendos son las mejores que vas a encontrar.

La bolsa tiene muy mala fama, muchas veces me han dicho que "es muy difícil eso de invertir en bolsa", o "puedes perder todo de un día para otro", por eso me animo a escribir estos libros. Porque no debes temer a los mercados. Cuantos más invirtamos, más beneficios conseguiremos todos.

Es posible controlar los precios e, históricamente, los rendimientos conseguidos son espectaculares. Y todo a cambio de muy poco tiempo por nuestra cuenta. Es mentira que necesites aprenderte "figuras chartistas", "velas japonesas" y demás parafernalia de los analistas técnicos. Mejor usa la intuición, la lógica, el sentido común y una perspectiva a largo plazo. Y, si no lo sabes hacer, en este libro aprenderás cómo.

En caso de que seas un inversor experimentado, espero, al menos, entretenerte y, aunque solo sea un poco, inspirarte. Quizás aspire a demasiado, con que no sientas que has perdido el tiempo ya me siento satisfecho.

Si lo que quieres es hacerte rico en unos días con la bolsa, siento decirte que lo más probable es que acabes más pobre de lo que llegaste. La inmensa mayoría de los especulares que compran y venden en el mismo día (*day-traders*) pierde dinero, y como operan con derivados financieros que les permiten endeudarse (apalancarse, dicen), pueden acabar quebrados.

"Quemar la cuenta" le llaman los *traders* al hecho, tan habitual entre su especie, de perder todo. Está bien que existan, no me malinterpretes, son quienes nos hacen ganar dinero a los auténticos inversores. Pero si estás leyendo esto es porque no eres ni tan tonto ni tan soberbio como ellos. Enhorabuena. Sigamos.

Los sistemas de pensiones se basan en poner el dinero de los trabajadores en fondos de inversión administrados y gestionados por personal a sueldo fijo, gente que va a ganar dinero, aunque tú lo pierdas.

Si estás en México tienes la famosa Administradora de Fondos para el Retiro (Afore), si estás afiliado al Instituto Mexicano del Seguro Social (IMSS) o al Instituto de Seguridad y Servicios Sociales de los Trabajadores del Estado (ISSSTE), en la que puedes tener tu propia cuenta con las contribuciones que realices (tú, la empresa para la que trabajas y/o el gobierno).

¿Y qué hace la Afore con tu dinero? Invertirlo en bolsa. Normalmente con un gran peso de la renta fija: deuda pública, lo que otorga una cierta seguridad, pero muy pocos rendimientos. Y, lo que es peor, estarás pagando un montón de sueldos que te ahorrarías si invirtieses directamente.

Hoy solo necesitas abrir una cuenta en un bróker en línea, ni siquiera tienes que salir de casa.

Otra cuestión que debes valorar es cuál es la tendencia del valor de tu moneda, si vives en países con una inflación como la de Argentina o Venezuela, lo mejor que puedes hacer es tratar de conseguir divisa extranjera con la que ahorrar, invertir y obtener rentas. Con los dividendos de empresas que coticen en dólares o euros lo puedes conseguir.

También, por supuesto, tienes la opción (casi obligada) de comprar criptomonedas.

Si vives en España, el sistema de pensiones está basados en que con la contribución de los trabajadores actuales reciban su pago los pensionistas contemporáneos (esquema Ponzi), la tendencia demográfica lo vuelve insostenible.

Las pensiones suponen pagarle a quienes no te han demostrado su valía, para que gestionen pésimamente lo que tanto te ha costado conseguir.

Si seguimos viviendo cada vez más años (es decir, cobrando pensiones durante más tiempo) y la población activa se sigue reduciendo (por la tasa de natalidad bajísima, la emigración y la falta de inmigración), simplemente la mayoría de los que somos jóvenes ahora no vamos a tener una pensión con la que vivir dignamente, por mucho que coticemos (cotizar es pagar a la Seguridad Social, lo hacemos, queramos o no).

Cuando alcancemos la edad de jubilación, no habrá la cantidad suficiente de población activa (trabajadores que coticen) para sostener el sistema, el dinero existente ha estado derrochándose y el resultado será nefasto.

En resumen, los planes de pensiones no son la mejor opción porque históricamente han demostrado no conseguir mejores rendimientos que los del mercado y, al contrario, suponen soportar unos costes fijos que invirtiendo por cuenta propia nos ahorramos.

Tengo, al menos, dos tipos de lectores:

1. Los inversionistas profesionales que vienen en busca de pasar el rato y encontrar oportunidades de inversión. Quieren conocer mi análisis, mi operativa (cuando la muestro, como en el libro sobre la bolsa española y en el libro sobre la bolsa estadounidense) y mi opinión.

2. Los inversores que están empezando y buscan su forma de lograr la libertad financiera. Aquí el objetivo es aprender, muchas veces desde cero, cómo invertir y generar ingresos pasivos.

Trato de hacer libros aptos para ambos públicos, aunque si tengo que elegir dirigirme a uno o a otro, me quedo con los términos sencillos y que todos me entiendan: no necesitas saber nada previamente para poder leer y aprender con mis libros.

Si ya eres un inversionista profesional, seguramente ya sabrás a qué metáfora hago alusión con la carrera de la rata y este breve capítulo no te va a desvelar nada que no sepas ya. Puedes saltártelo, prometo que el resto del libro te aportará algunas cuestiones interesantes.

Para todos los demás, me refiero al término popularizado por Robert Kiyosaki que hace referencia a trabajar para pagar gastos, trabajar más para gastar más, y así día tras día. Esa es la carrera de la rata: empiezas pensando que trabajas para vivir, y acabas viviendo para trabajar.

La inversión en dividendos te puede ayudar a salir de esa carrera. El único modo de hacerlo es consiguiendo que los activos que tengas sean capaces de generarte el suficiente flujo de capital para pagar todo lo que necesites (la libertad financiera).

Cuantos más activos tengas, mejor.

No hay otra forma de salir de la carrera de la rata. Aunque usualmente se distingue entre tres formas de escapar de la carrera de la rata. Independencia financiera, seguridad financiera y libertad financiera. Son tres fases en el crecimiento que puedes alcanzar, quizás ya gozas alguna de ellas, enhorabuena, en ese caso formarías parte del 5 % más privilegiado del mundo.

La independencia financiera es cuando no necesitas a nadie para sobrevivir, hay personas que lo consiguen gracias a sus trabajos como *freelance*, pequeños negocios, cobros de dividendos, regalías, rentas de inmuebles o pagas gubernamentales. Para algunas personas esta cifra pueden ser 300 euros al mes o incluso menos, para otras puede suponer algo más, depende de las condiciones.

La segunda fase es la seguridad financiera, ese punto en el que no solo sabes que puedes sobrevivir, sino que también lo haces con confianza, sabes que nada te va a faltar. Ya no es solo que tengas garantizada la subsistencia, aquí ya gozas de una cierta tranquilidad.

Para conseguir seguridad financiera tienes que disponer con ahorros con los que puedas vivir durante meses, años en el mejor de los casos, sin tener ningún ingreso más.

Puedes decir que tienes seguridad cuando podrías estar meses sin ganar ni un solo céntimo y manteniendo el mismo nivel de vida que hasta ahora.

El siguiente paso (o la siguiente fase) es la libertad financiera, el culmen de cualquiera que cuide su cartera. A partir de aquí ya es una cuestión de cuántas generaciones podrían vivir de los rendimientos de los activos que hayas conseguido.

La libertad financiera implica la capacidad de generar dinero de forma totalmente pasiva, es decir, sin esfuerzo, sin ni siquiera tener que hacer algo. Como cuando, automáticamente, llegan los dividendos a tu cuenta corriente.

Ese flujo de dinero tiene que ser tal que puedas vivir sin restricciones, es decir, mantener el estilo de vida que desees, vivir como quieras, haciendo lo que más te apetezca, sin limitaciones económicas.

Implica que ya tienes independencia y seguridad financiera.

En el próximo capítulo te cuento dónde puedes invertir para lograr la libertad. Ahora sí, vamos a conocer esas acciones que reparten dividendos y puede ser muy interesante tener en nuestro portafolio.

⍰

Capítulo 2: ¿en dónde invertir?

Muy bien, ya tenemos claro que queremos acciones (trocitos de empresas), pero ¿dónde las encuentro? ¿Cuáles son las mejores? En este capítulo vamos a dar respuesta a estas preguntas con algunos datos de las principales bolsas del mundo. ☒

Ya en el siglo XVIII, cuentan que por la calle de Wall Street se reunían brókers para comprar y vender acciones, que en aquel momento eran papeles. Hoy todo está digitalizado y los softwares ofrecen una velocidad y un volumen imposibles de otro modo.

En general, hoy es más rápida y eficaz, aunque todavía no hay cotizaciones totalmente abiertas para cualquiera, sigue existiendo el pre-mercado o *premarket*, en el que los brókeres negocian entre sí, antes de que abra la bolsa.

En 1792 nace oficialmente la primera bolsa de Estados Unidos con el acuerdo de Buttonwood.

Tuvo que pasar bastante tiempo para que se convirtiese en lo que es hoy, la bolsa más importante del mundo. Como es sabido, la hegemonía gringa se materializa en el siglo XX, inicia con la destrucción de Europa con sus guerras y tiene su punto álgido con la perestroika que supone la disolución de la Unión de Repúblicas Socialistas Soviéticas (URSS) y el triunfo del capitalismo en tierras rusas en 1991.

Pocos años después, el 1 de enero de 1994, el ejército Zapatista de Liberación Nacional cuestionaba el relato del *fin de la historia* y el subcomandante Marcos exponía con maestría las debilidades del neoliberalismo.

No todo ha sido crecimiento en las bolsas de Estados Unidos, basta recordar la crisis de 1929 y los especuladores tirándose por las ventanas de los rascacielos neoyorquinos. También fue duro, para algunos vividores que se creían intocables, cuando explotó la burbuja de las puntocom, en el 2000; la crisis del petróleo, en los años 70; e, incluso, la crisis del coronavirus, para quienes dependían del turismo.

La tendencia, de cualquier manera, es al alza. La inmensa mayoría de las empresas no quiebran, si el precio de cotización baja, el inversor inteligente solo tiene que aprovechar para comprar más.

La rentabilidad por dividendo es lo que más nos importa para invertir a largo plazo con el objetivo de disfrutar la renta pasiva de los repartos de beneficios que hacen las compañías.

Ahora mismo, en EE. UU. hay 13 bolsas, algunas en ciudades como Chicago, Miami y Filadelfia. Para aligerar solo vamos a mencionar las dos donde hay más dinero, están en Nueva York y albergan muchas compañías famosas mundialmente, también otras, como vemos en esta guía, que no son tan conocidas, pero sí que son excelentes inversiones.

La primera es la bolsa con mayor capitalización bursátil del mundo, la bolsa de Nueva York.

En la acera de Wall Street libremente se negociaban las transacciones de acciones, allí mandaban los inversionistas a sus brókers. En 1792, empieza a institucionalizarse la regulación de las compras y ventas. En 1918, supera a la Bolsa de Londres como el principal mercado bursátil.

Sus compañías están en cuatro índices: S&P 500 Index (también hay compañías del Nasdaq), Dow Jones Industrials 30 Stock (los 30 valores más importantes de la NYSE), NYSE Composite Index New (todo el NYSE) y NYSE Us 100 Fund (las 100 tecnológicas principales).

Aquí cotizan empresas como Coca-Cola, McDonald´s, The Walt Disney Company, America Movil, Nike, Aurora Cannabis, American Express, Chipotle Mexican Grill, Domino's Pizza Inc...

Para consultar información usa la página de la Securities and Exchange Commission (SEC), es la encargada de la regulación de la NYSE.

El horario de apertura es de 9: 30 am a 4 pm de lunes a viernes salvo festivos (en ese caso a veces cierra, a veces abre hasta más temprano).

El Nasdaq es la segunda mayor bolsa de Estados Unidos (el tamaño lo determina la capitalización bursátil) y la primera bolsa de valores electrónica y automatizada del mundo.

Nació en 1971. Tiene su origen en la petición del Congreso de los EE. UU. a la SEC de un informe sobre la seguridad en los mercados bursátiles, para aumentar la transparencia. La SEC propuso la automatización y con ella surge Nasdaq Stock Market.

Poco más de dos décadas después, en 1992, se enlazó con la Bolsa de Londres, un hecho sin precedentes en la historia de los mercados bursátiles.

Iniciando el siglo XXI vive una reestructuración y se convierte en una empresa propiedad de sus accionistas.

Su oficina central y sede está en Times Square (Nueva York).

Tiene dos índices, el más usado, el Nasdaq100, que está compuesto por las principales empresas del sector tecnológico, y el Nasdaq Composite Index, donde están todas las compañías que cotizan en esta bolsa, incluyendo otros sectores, como el financiero y las telecomunicaciones.

Entre las más de 5 mil empresas que podemos encontrar, algunas de las más conocidas son Netflix, Starbucks, Google, Facebook, Amazon, eBay, Booking, Gilead Sciences, Moderna, NVIDIA y Zoom Video.

Tiene el mismo horario de apertura que el NYSE, de 9:30 a 16 horas.

Como ya mencionamos, la Bolsa de Londres, que fue la más importante en su momento, fue relevada por la Bolsa de Nueva York en 1918. Desde entonces, ninguna bolsa europea ha concretado un capital comparable al de las bolsas norteamericanas.

De hecho, la diferencia es abismal, una de las grandes de EE. UU. tiene tanto capital como todas las principales europeas ¡juntas!

Los costes de operar, por culpa de la tasa Tobin, son mayores.

En general, no recomiendo hacerlo a no ser que residas en uno de estos países, de ese modo quizás consigas mejores condiciones fiscales y, por cercanía o patriotismo, puede ser una buena opción.

Una norma básica de las inversiones es realizarlas solo en empresas que conozcas, entiendas y compres (o comprarías).

Si tengo que reducir la lista, me quedaría con las bolsas de tres países: España, Francia y Alemania.

Puedes encontrar oportunidades interesantes, pero no te fíes mucho, revisa bien los datos y ten la perspectiva en el largo plazo.

Lamentablemente, en Europa hoy día no están las empresas más importantes del mundo. Les falta innovación, entre las que he podido encontrar, ninguna es revolucionaria. No contamos con compañías con modelos de negocio exponenciales y que ya dominen sus mercados, como Amazon, AirBnb o PayPal. Pero bueno, algunas oportunidades de verdad que sí que hay.

Tengo un libro especialmente dedicado a la bolsa española, puedes encontrar la referencia al final de este. Si te interesa el país, te recomiendo la lectura.

Aquí entramos en mayores riesgos y mayores comisiones operativas. Los mercados internacionales son muy interesantes para encontrar acciones de crecimiento, pero cuando se trata de invertir a largo plazo en acciones de dividendos, no resultan una opción tan interesante.

A no ser, al igual que sucede con las bolsas europeas, que residas en uno de esos países. En ese caso puedes encontrar opciones, revisa y compara con algunos de los indicadores que aparecen en esta guía.

Capítulo 3: ¿en qué invertir?

Cuando alguien se hace la pregunta sobre en qué invertir suele suceder que la enorme cantidad de opciones es el principal obstáculo para actuar.

Estás seguro de que quieres invertir, pero no acabas de decidirte sobre qué activo comprar. No te preocupes, es normal. Para eso estamos aquí.

La cantidad de información que podemos llegar a analizar es ingente, para no tirarnos meses revisando todos los datos disponibles, usamos estrategias de acuerdo con algunos indicadores. Esto nos permite sistematizar nuestras inversiones, acordamos de ante mano cuáles son los criterios para actuar, y luego, solo los aplicamos. Es importante que tengas tu propio criterio y hagas tu propia *check list* con aquellos requisitos que debe tener una empresa para que te animes a ser propietario de una parte de la misma.

En mi caso, me fijo en cuatro cuestiones fundamentales: que tenga perspectiva de crecimiento, que sea aplicable el formulario W-8 (cuando se trata de acciones en EE. UU.), que reparta un buen dividendo y que cotice a un buen ratio precio-beneficio o PE. En mi caso, soy flexible en todo, pero conocer esos datos me sirve para comparar. Por supuesto, la parte del crecimiento es imposible de saber con certeza, por lo que, como no podría ser de otro modo, al invertir asumimos un riesgo, y como dicen en México: "La vida es un riesgo".

1. Crecimiento

Fíjate en los gráficos, para que yo invierta tiene que haber una clara tendencia al crecimiento en la cotización. Si ha habido alguna "corrección" (bajada del precio de forma repentina) puede ser un buen momento para comprar porque como la tendencia es cotizar a un precio cada vez más alto, acabará por superar sus máximos históricos.

Puedes saber si la tendencia es al crecimiento viendo cuáles son las cotizaciones más bajas (lo que los analistas técnicos llaman soportes), si son cada vez más altos, la tendencia al crecimiento es clara.

Revisa también los datos financieros, si los beneficios netos son cada vez más altos, es señal de crecimiento, esté como esté el precio de la cotización.

Un gran flujo de caja, y en constante crecimiento, es una muy buena señal de que le está yendo bien a la compañía.

Hay algunos programas que te ayudan a ver las tendencias pintando rayas en el gráfico de la cotización. No recomiendo perder mucho tiempo en ello, recuerda que estás jugando a largo plazo, no te obsesiones con saber en qué parte del ciclo económico te encuentras, lo más seguro es invertir regularmente en empresas que, en el largo plazo, están creciendo.

Para no caer en el sesgo del espejo retrovisor (creer que aquello que ya ha pasado volverá a suceder) necesitas analizar el sector en el que opera y sus perspectivas para las próximas décadas (o, como mínimo, años).

En esto, como ya sabrás, hay un enorme riesgo. Nadie puede predecir el futuro, existen métodos matemáticos para hacer estimaciones, pero siempre hay margen de error. Así es la ciencia. Si te dan rendimientos tus acciones es porque estás asumiendo ese riesgo, cualquier imprevisto podría hacer que unas empresas cayesen y otras llegasen al cielo.

Como te interesa el largo plazo, cuando el precio de cotización de tus acciones baja, te alegras: puedes comprar más a un menor precio. No inviertas todo tu dinero junto, es preferible hacer inversiones periódicas para reducir el efecto de la volatilidad.

En resumen, es imprescindible que inviertas en empresas con un futuro de crecimiento sostenido. Para saber si los reyes de los dividendos cumplen este requisito, veremos los resultados de sus finanzas en los últimos años y compartiré mi opinión sobre el futuro del sector (fruto de mis investigaciones sociológicas con fuentes primarias).

2.   Formulario W-8 aplicable

Cuando invierto en Estados Unidos en acciones de dividendos (en acciones de crecimiento este punto no tiene importancia) me aseguro de que mi bróker tenga el acuerdo con el país norteamericano para, ya que no tengo residencia fiscal allí, no pagar una doble tributación demasiado alta.

Sin este acuerdo (el ligado al formulario W-8) los inversores en acciones estadounidenses que no cuenten con residencia fiscal en EE. UU. deben tributar un 30 % de los dividendos y, además, lo que les exija su país de residencia. Con la aplicación del acuerdo, en cambio, se reduce a un 15 % lo que se lleva EE. UU., y, si resides en el Estado español, este en principio se llevará otro 15 % (habitualmente lo mínimo es un 19 %).

No invierto en acciones de las bolsas de EE. UU. si mi bróker no cuenta con el formulario aplicable. Es muy importante cuidarse de impuestos y comisiones al máximo o se comerán el rendimiento de nuestro capital.

3. Dividendo

Uno de los principales indicadores para conocer y comparar acciones de dividendos es la ratio de la rentabilidad por dividendo, puedes encontrarlo en los portales dedicados a la bolsa o en la mayoría de los brókers, en inglés lo encontrarás como *dividend yield*. Se obtiene dividiendo el precio del valor del dividendo por el precio de la acción y multiplicando por cien para tener el resultado como porcentaje.

Es importante que esté actualizado ya que está directamente relacionado con el precio que tiene la acción en ese momento, por lo que puede cambiar en poco tiempo. Para tener datos más robustos está bien incluir el dato actual, el anual y la media de los últimos cinco años, de este modo podremos tener una visión más amplia.

Hay más indicadores, aunque a veces son polémicos. Por ejemplo, hay analistas que consideran que, si el porcentaje de los beneficios destinado a los accionistas es demasiado grande, la falta de inversión puede hacerles perder competitividad. O que podríamos hacernos una idea equivocada de cómo es la empresa, puede parecer muy atractiva, pero en realidad está endeudándose para pagar a sus accionistas, una estrategia muy poco sostenible a largo plazo.

Siguiendo la lógica de que lo más importante es reinvertir para crecer al máximo, algunas empresas, como Amazon, no reparten ningún tipo de dividendo. De hecho, incluso operan con pérdidas, así se quedan las mayores partes del mercado y, cuando ya han eliminado a su competencia, suben los precios.

Así opera, por ejemplo, UberEats en el Estado español, no gana dinero, pero si logra ser la elegida ante grandes competidores, como Glovo o JustEat, lo que al final le permitirá hacer grandes sumas.

Otros analistas o asesores financieros, en cambio, consideran que cuanto más alto este la ratio (el *pay-out*), más generosa es la empresa con los accionistas, mejor los trata y, por tanto, es una mejor inversión.

Si bien creo que al corto plazo puede ser cierto que las empresas que más rápido crecimiento tienen son aquellas que más invierten en sí mismas y en innovación, es decir, que en vez de repartir beneficios los dejan dentro de la propia compañía, mejorando sus activos; a largo plazo, para invertir en dividendos con seguridad, para mí es muy importante que hayan demostrado tener un negocio lo suficientemente robusto para retribuir a los accionistas y seguir creciendo.

Tienes que ver caso por caso. Un dividendo alto con un *pay-out* bajo es excelente, mejor que el mismo dividendo con un *pay-out* más alto. Un dividendo bajo, con *pay-out* alto, es nefasto. Un dividendo bajo, con un *pay-out* bajo, pero en una compañía con futuro, puede ser buena inversión a largo plazo.

No tienes que comprar todas las acciones del mismo tipo. No es mala idea tener dos portafolios, uno en dividendos especialmente diseñado para la jubilación (léase libertad financiera) y otro para ganar dinero con acciones de crecimiento (en este grupo están compañías que deciden reinvertir los beneficios y no reparten dividendos). Lo normal es, conforme pasan los años, ir reduciendo el porcentaje de acciones de crecimiento (recogiendo beneficios) y aumentando las posiciones en las acciones de dividendos.

Es preferible arriesgar cuando todavía eres joven.

Ten en cuenta estos hechos a la hora de apreciar la ratio de reparto o *pay-out*. He escuchado a inversores decir que prefieren que el porcentaje no supere al 65 %, sin embargo, yo sí que me siento cómodo con porcentajes mayores, sobre todo si son negocios ya consolidados (como los son todos lo que tienen los reyes del dividendo).

En el sector de bienes raíces (*real estate*) es normal que la ratio sea de más de un 90 %, por ello, son magníficas opciones para la inversión en dividendos (dentro de los reyes del dividendo tenemos, en este sector, Federal Realty Investment Trust, otras empresas que, aunque todavía no son reyes del dividendo, también te pueden interesar son Realty Income Corp, STORE Capital Corp y Simon Property Group y Gladstone Commercial.

Además de la ratio de reparto, también es importante conocer cuántos dividendos por acción ha pagado en los últimos doce meses.

Estos dos datos son los que voy a mostrar, estrictamente respecto a los dividendos, sobre cada una de las acciones. El objetivo es que tengas las bases para hacer tus cálculos y saber, por ejemplo, una estimación de cuántos dividendos te daría en un año según el número de acciones que compres (multiplicando el número de acciones que comprarías por el dividendo que ha dado en los últimos doce meses). Este cálculo lo puedes hacer en https://a2-finance.com/es.

4. Ratio precio-beneficio

El rato precio-beneficio o *price-to-earnings* ratio, muy conocido por sus siglas en inglés: PER. A veces, como con el bróker con el que trabajo, es expresado como P/E.

Degiro concretamente te ofrece, para algunas acciones, el P/E Exc xOr Itms, esas letras que van después de las siglas de la ratio precio-beneficio significan que excluye ítems extraordinarios. Hace referencia al último año fiscal.

Se obtiene fácilmente dividiendo el precio por el beneficio por acción, cuanto más elevado sea el resultado, más caro estaremos comprando los rendimientos. Al menos, en teoría y según lo sucedido en el pasado.

Lo habitual es considerar alto un PER por encima del 15 o 20, para mí no es imprescindible, pero está bien tenerlo en cuenta.

Aquellas empresas con PER bajo se podría decir que cotizan baratas. Este indicador es muy interesante porque hace referencia al precio de la cotización, por lo que, aunque los resultados de las acciones que veas en esta guía quedarán desactualizados, ver el PER del momento en el que quieras invertir te ayudará a saber si es buen momento para abrir posiciones (empezar a comprar acciones de dicha compañía) o, por el contrario, hay alternativas mejores.

Las expectativas justifican que haya un PER alto, pero también pueden reflejar una sobrevaloración, por lo que hay que tener cuidado. Para nuestra estrategia de inversión a largo plazo en dividendos, lo mejor es seleccionar acciones con un PER lo más bajo que sea posible.

Cuando una empresa tiene pérdidas no es posible determinar su PER, por lo que encontrarás esto "N/A".

Es saludable que se encuentre entre 10 y 17, si es así podemos estar tranquilos respecto a este punto, en caso contrario hay que analizar y explicar por qué tiene un PER inusual y si cotiza por encima o por debajo de su valor.

Nunca deberíamos invertir solo siguiendo este criterio. Si no hay crecimiento futuro, nuestro dinero no está en el lugar correcto, aunque haya buen PER, buenos dividendos y el formulario W-8 sea aplicable.

Las cuatro condiciones (crecimiento, formulario, dividendo y PER) son muy importantes, pero si tengo que elegir una me quedo con el crecimiento. Algo que está creciendo y que seguirá creciendo es siempre una buena inversión.

Un sistema de inversiones es un método que nos dice cuándo y qué comprar, y cuándo y qué vender.

Hay una estrategia muy utilizada que consiste en promediar las compras haciéndolas de forma periódica (Dollar Cost Averaging). Por ejemplo, si pretendes invertir 1000 euros en Intel, en vez de comprar todas las acciones que puedas con ese dinero en una única vez, destinas únicamente una parte (por ejemplo 100 €), si consideras que está cotizando barata, más grande (p. e. 120 €); si te parece que está en un precio alto, más baja (p. e. 80 €). Y, mes a mes o semana a semana, incrementas posiciones. Si el precio baja más de lo esperado, compras todavía más, si el precio sube, compras menos.

De esta forma te proteges contra la volatilidad del mercado. Es algo que debes planificar desde el principio.

La cuestión más importante es cuánto de tus ingresos vas a destinar a la bolsa, puede ser una cifra fija (como 50, 100 o 500 o más euros al mes, según tus posibilidades) o un porcentaje (por ejemplo, un 10 o un 30 % de tus ingresos mensuales).

También es posible que vayas a destinar dinero heredado o conseguido ganando la lotería, en ese caso te recomiendo no invertirlo todo de golpe, tal y como menciono arriba, invertir poco a poco es mucho menos arriesgado.

Si quieres ser un inversor debes de hacer inversiones periódicas, así es como más rendimientos obtendrás, aunque, por supuesto, cualquier opción es válida. Incluso, si te gusta mucho el riesgo y aspiras a ganancias rápidas, puedes probar a especular con derivados financieros o, directamente, ir al casino; puedes hacerlo, pero no seré yo quien lo recomiende.

Me gusta prestar atención a la historia y a la estadística: la inmensa mayoría de especuladores pierde dinero y, por el contrario, los inversores son las personas más ricas del mundo.

No es posible vivir de los dividendos si todavía no tienes un cierto capital, pero sí es posible, con solo unos 50 euros (o menos, hoy puedes comprar una acción de Gladstone Commercial por unos 15 euros y recibir dividendos cada mes), empezar a invertir, y, con disciplina y tiempo, puedes llegar a lograr la libertad financiera.

Vale la pena señalar, antes de continuar, que he dejado sin ni siquiera mención, muchos datos que para algunos analistas son esenciales, como el análisis de las ventajas competitivas, la capitalización, el volumen de compra, el tamaño de la deuda o del apalancamiento y otros datos contables. Hacerlo no te asegura el éxito, es cierto que con la información reduces los riesgos, pero impera más la lógica, la intuición y el sentido común que cualquier ratio, no todo está en los números. Piensa, sobre todo, en el futuro y haz tus predicciones.

Es imposible abarcar todo, y este libro, como todos, es limitado. No te lo tomes como una biblia que te diga qué hacer, tómalo mejor como un diario, una experiencia que te cuenta un amigo para ayudarte.

En bolsa, los reyes del dividendo (*dividend kings* en inglés) son las empresas que llevan más de medio siglo pagando a sus accionistas siempre y cada vez más. Aunque hay que tener en cuenta su futuro, y no solo su pasado, es interesante conocerlas y este apartado está dedicado a analizarlas.

La lista completa incluye: Johnson & Johnson, Procter & Gamble, Coca-Cola, Lowe's, 3M, Colgate-Palmolive, Emerson Electric, Hormel Foods, Parker-Hannifin, Dover, Genuine Parts, Nordson, Cincinnati Financial, Federal Realty, Lancaster Colony, American States Water, California Water Service, Stepan, ABM Industries, Northwest Natural, Farmers & Merchants Bank, Altria, Stanley Black & Decker, H.B. Fuller, Target Corp, Tootsie Roll Industries, SJW Group, National Fuel Gas, Universal Corporation y Sysco Corporation.

Vamos a verlas una a una. Para estructurar la información voy a mencionar solo los cuatro aspectos que considero más importantes: crecimiento, formulario W-8, dividendo y PER.

Johnson & Johnson

Se trata de un *holding* dedicado a la atención médica, está en máximos históricos, pero no es ninguna burbuja, es el fruto de una trayectoria de crecimiento constante, siendo una de las compañías más importantes en el mundo.

Con el caso del coronavirus lo estamos viendo otra vez, mientras que en el Estado español la vacuna de Pfizer se ha vendido a 27 euros y requiere de dos inyecciones, la de Johnson & Johnson, aunque ha llegado un poco más tarde, se ha vendido a 8 euros y solo requiere una dosis.

Como contrapunto, es responsable de grandes contaminaciones.

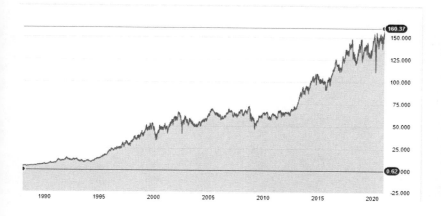

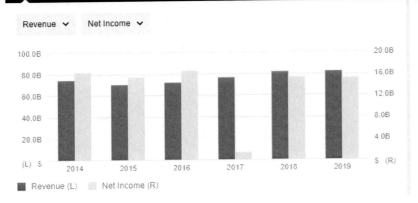

Revenue ⌄   Net Income ⌄

■ Revenue (L)   ▨ Net Income (R)

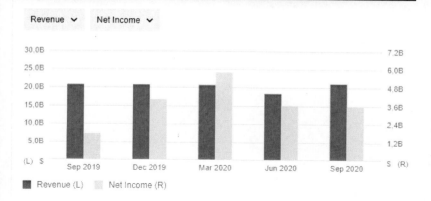

Formulario W-8
aplicable ✅

Div Yield Curr (PrCmShdr DPS/Cl Price)	2,45
Div Yield Annual (Anl Div/Cl Price)	2,52
Div Yield 5Y Avg	2,65

Dividendo/Acción (TTM)	3,92

PE Exc xOr Itms	25,57

	MRQ	TTM	LFY
Payout Ratio	—	61,87	65,59

Perspectiva del sector: Crecimiento. Los datos reflejan una gran fortaleza, es una empresa que da tranquilidad tener, y con la que una estrategia de comprar periódicamente, aprovechando posibles caídas, es muy eficaz al largo plazo.

Un gigante del mercado de bienes de consumo, con productos tan famosos como los cepillos de dientes Oral-B y las máquinas de afeitar (rasuradoras) Gillette.

Con el decrecimiento de la economía, su perspectiva no es buena, afortunadamente están tratando de adaptarse, al menos en parte, reduciendo los plásticos y teniendo un plan acorde a la Agenda 2030.

Es una empresa causante de enormes cantidades de contaminación ya que sus consumibles no duran, son productos de limpieza, pañales, cosméticos, perfumes, productos para el cuidado del cabello y de la boca, electrodomésticos y detergentes.

A mí no me gustan este tipo de empresas, pero quizás tu ética sea diferente a la mía, en todo caso, siendo fríos, veamos sus datos. Al fin y al cabo, es un rey del dividendo y por eso está aquí.

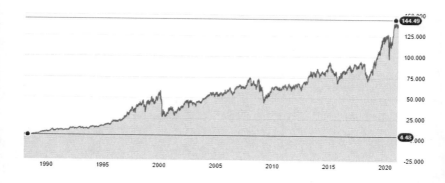

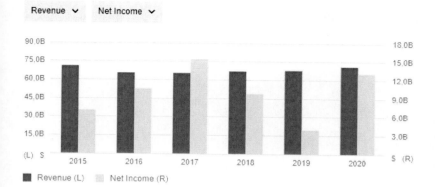

Perspectiva del sector: esperemos que mala. Esta empresa es una de las grandes, pero eso no justifica invertir, además el precio al que cotiza actualmente me parece muy alto, sin duda prefiero otros sectores. Pero quizás sea una opción aceptable para carteras conservadoras.

Formulario W-8
aplicable

Div Yield Curr (PrCmShdr DPS/Cl Price)	2,21
Div Yield Annual (Anl Div/Cl Price)	2,28
Div Yield 5Y Avg	2,94

Dividendo/Acción (TTM)	3,07

PE Exc xOr Itms	26,80

	MRQ	TTM	LFY
Payout Ratio	—	56,58	59,16

Coca-Cola

¿Qué decir de una de las compañías más famosas del mundo? Es adictiva, aunque todos podemos dejarla. Ha logrado diversificar lo suficiente para ser un hueso duro de roer, puede que la tendencia a beber bebidas azucaras sea a la baja (diabetes y otros problemas médicos que causan son cada vez más evidentes) pero ¿qué pasa si nos vemos obligados a comprarles agua embotellada para tener agua potable? Tienen muchas bebidas, ya no es solo Coca-Cola.

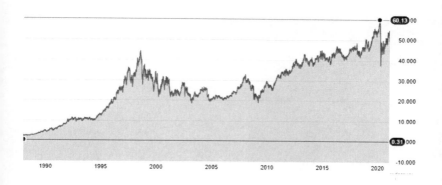

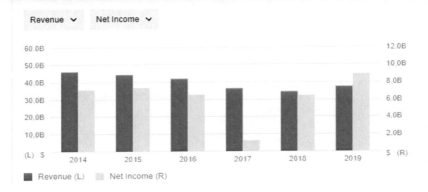

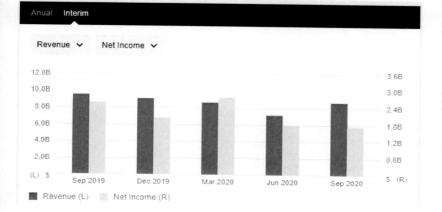

Perspectiva del sector: mala, las bebidas azucaradas como Coca-Cola cada vez son peor valoradas por las poblaciones que ya conocen sus efectos a largo plazo. En los datos financieros no vemos crecimiento. Es cierto que tiene muchas bebidas diferentes, pero el propio concepto de bebida enlatada es el que peligra, frente a opciones más ecológicas. Prefiero pensar eso antes que un mundo en el que no contemos con agua potable en el grifo de casa, aunque sé que en gran parte del mundo no es así, quiero ser optimista y pensar que la potabilización del agua aumentará y esta será un bien público, un derecho para toda la población.

Formulario W-8
aplicable

Div Yield Curr (PrCmShdr DPS/Cl Price)	3,17
Div Yield Annual (Anl Div/Cl Price)	3,21
Div Yield 5Y Avg	3,12

Dividendo/Acción (TTM)	1,62

PE Exc xOr Itms	26,20

	MRQ	TTM	LFY
Payout Ratio	—	83,96	76,74

Lowe´s es un *retail* o empresa minorista, es decir, que vende directamente al consumidor final. En su catálogo hay productos para el hogar: electrodomésticos, materiales de construcción y de mantenimiento. Su gran rival, también una opción interesante para invertir en bolsa es Home Depot.

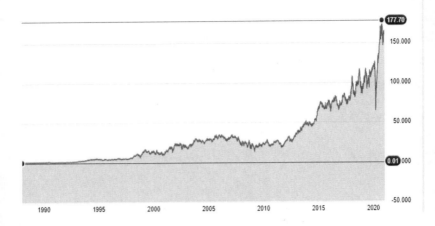

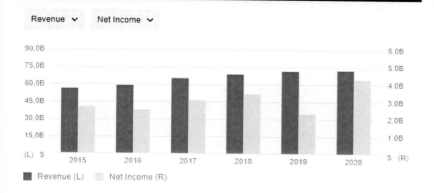

Revenue ⌄   Net Income ⌄

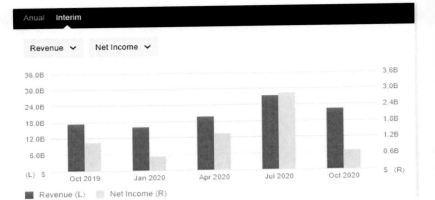

Formulario W-8 aplicable	

Div Yield Curr (PrCmShdr DPS/Cl Price)	1,33
Div Yield Annual (Anl Div/Cl Price)	1,45
Div Yield 5Y Avg	1,66

Dividendo/Acción (TTM)	2,20

PE Exc xOr Itms	23,02

	MRQ	TTM	LFY
Payout Ratio	—	31,87	38,73

Perspectivas del sector (empresa de mejoras para el hogar): limitadas. La competencia es fuerte y la venta en línea (Amazon y AliExpress, principalmente) está ganando mercado. Me parece que, aunque no es mala opción, ya que con el auge de las reparaciones incluso en periodos de crisis, las perspectivas son buenas; hay alternativas mejores. El precio está en máximos históricos, si hubiese una corrección (caída grande de la bolsa) podría ser interesante comprar, quizás por una cuestión de diversificación.

La empresa famosa por creaciones como el *pos-it*. Nacida en 1902, aunque su cotización ha sido mucho más alta de lo que lo es hoy, sigue siendo un gigante en bolsa. Se dedica a fabricar productos industriales, de seguridad y de consumo.

Ofrece productos como cintas, adhesivos, equipos médicos, películas ópticas para pantallas electrónicas, pantallas táctiles (las he visto en los controles de pasaporte fronterizo en algún aeropuerto), soluciones de componentes de energía renovable, esponjas, estropajos...

Si vuelve a alcanzar su máximo histórico, sería una maravillosa inversión comprando ahora, además de por los dividendos. Veamos en mayor detalle de qué se trata esta compañía.

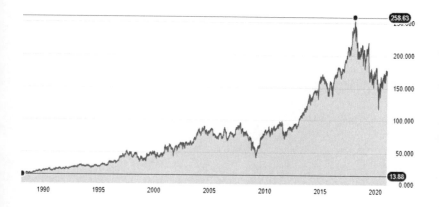

258.63

200.000

200.000

150.000

100.000

50.000

13.88

0.000

1990　　1995　　2000　　2005　　2010　　2015　　2020

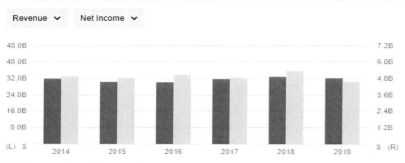

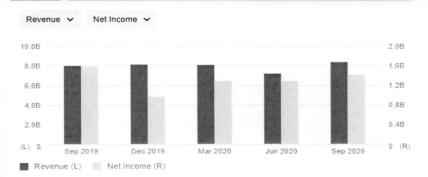

Formulario W-8
aplicable ✓

Div Yield Curr (PrCmShdr DPS/Cl Price)	3,51
Div Yield Annual (Anl Div/Cl Price)	3,53
Div Yield 5Y Avg	2,62

Dividendo/Acción (TTM)	5,85

PE Exc xOr Itms	20,42

	MRQ	TTM	LFY
Payout Ratio	—	67,85	72,56

Perspectiva: están lo suficientemente diversificados sus activos como para contar con un futuro con posibilidad de crecimiento. Sus números son bastante buenos y a veces me gusta invertir en empresas que han tenido un valor superior al que cotizan actualmente porque me hace pensar que, además del largo plazo y el dividendo, podría haber una revalorización que hiciese volver a sus máximos históricos, o, por qué no, a cifras todavía por encima, incluso de lo que yo considere objetivo. En ese caso, es más rentable que saque mi dinero y lo ponga en otras acciones que el mercado está valorando por debajo de su precio objetivo, siempre puedo volver a la empresa inicial cuando vuelva a bajar su precio, después de que el mercado se entere de que no valía tanto como llegaron a pensar.

Son una opción interesante, aunque aburrida, lo cual suele ser una buena señal para estar tranquilos respecto a nuestro dinero, no tendrá grandes variaciones y, con suerte, irá creciendo de forma quizás lenta, pero sostenida.

Colgate-Palmolive Company

Esta multinacional es bastante conocida, se dedica a los productos para el cuidado personal, como jabones y cepillos. La pasta de dientes es su producto estrella, aunque tiene diversas marcas y también tiene productos para mascotas, un sector en alza.

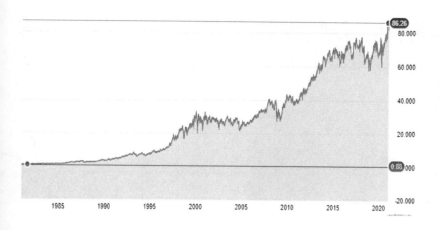

Revenue ∨   Net Income ∨

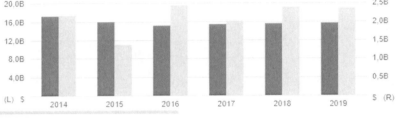

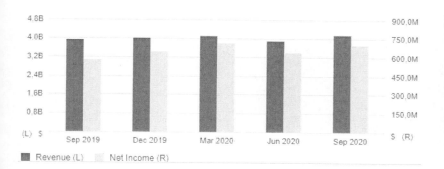

4.8B		900.0M
4.0B		750.0M
3.2B		600.0M
2.4B		450.0M
1.6B		300.0M
0.8B		150.0M
(L) $	Sep 2019 Dec 2019 Mar 2020 Jun 2020 Sep 2020	$ (R)

Revenue (L)   Net Income (R)

Formulario W-8 aplicable

Div Yield Curr (PrCmShdr DPS/CI Price)	2,11
Div Yield Annual (Anl Div/CI Price)	2,14
Div Yield 5Y Avg	2,38

Dividendo/Acción (TTM) 1,74

PE Exc xOr Itms 26,26

	MRQ	TTM	LFY
Payout Ratio	—	55,85	62,19

Perspectiva del sector: Las pastas de dientes naturales, hechas con arcillas y un par de ingredientes más, están al alza; en detraimiento de opciones industriales como las Colgate.

En cambio, en el mundo de las mascotas sí que hay una gran oportunidad de futuro, especialmente por la parte veterinaria.

Emerson Electric

Ofrece soluciones industriales a base de ingeniería y tecnología, se encarga de cuestiones como automatización, refrigeración o calefacción.

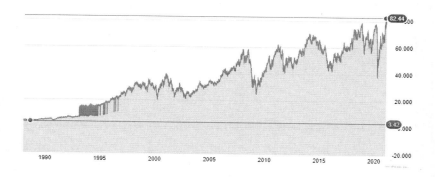

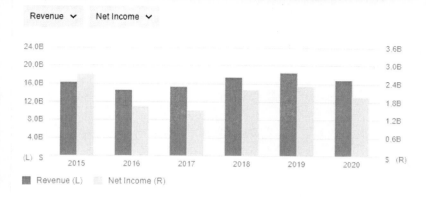

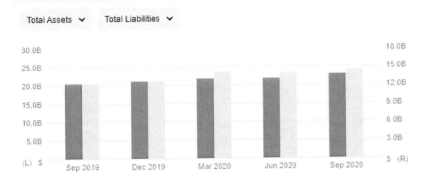

Formulario W-8 aplicable

Div Yield Curr (PrCmShdr DPS/Cl Price)	2,44
Div Yield Annual (Anl Div/Cl Price)	2,47
Div Yield 5Y Avg	2,98

Dividendo/Acción (TTM)   2,00

PE Exc xOr Itms   25,29

	MRQ	TTM	LFY
Payout Ratio	—	61,53	61,53

Perspectivas del sector (o de los sectores): crecimiento limitado. La industria ya no es el sector principal de la economía, ahora lo son los servicios.

George A. Hormel fundó esta compañía en 1891, está en el sector de los consumibles no durables, se dedica a la producción de alimentos, principalmente carne. Se encarga del procesamiento y la comercialización de carne de cerdo, carne de pavo, carne de res y carne de aves de corral, tanto con su propia marca como sin marca.

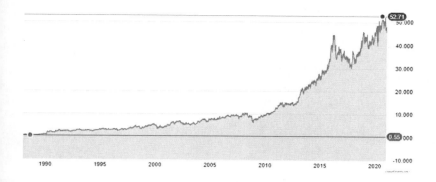

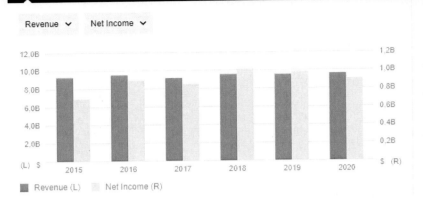

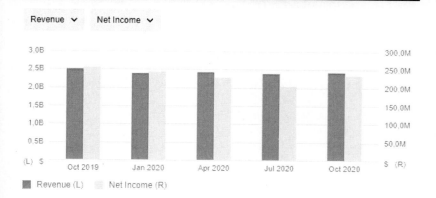

Formulario W-8 ✓
aplicable

Div Yield Curr (PrCmShdr DPS/Cl Price)		2,00
Div Yield Annual (Anl Div/Cl Price)		2,16
Div Yield 5Y Avg		1,84

PE Exc xOr Itms   27,52

Dividendo/Acción   0,91
(TTM)

	MRQ	TTM	LFY
Payout Ratio	—	55,14	55,14

Perspectiva del sector: limitada, el precio de las acciones ya ha crecido mucho en los últimos meses, los datos financieros son estables, no muestran crecimiento. Por el cambio de hábitos mundial, especialmente en occidente, el consumo de carne está reduciéndose, y los productos más ecológicos: frutas y verduras de cercanía, están recuperando su lugar en las dietas mediterráneas y europeas.

Parker-Hannifin Corp, fundada en 1918 por Arthur L. Parker, es uno de los mayores productores de fabricación de maquinaria industrial, está especializada en tecnologías de control y movimiento. Es líder en su sector. Aporta soluciones para sistemas industriales y aeroespaciales: motores, aviones militares, helicópteros, vehículos aéreos no tripulados...

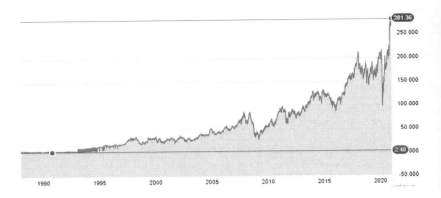

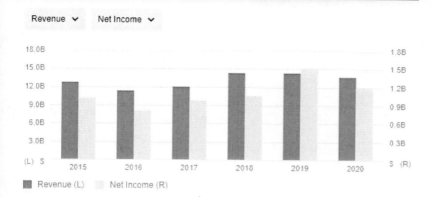

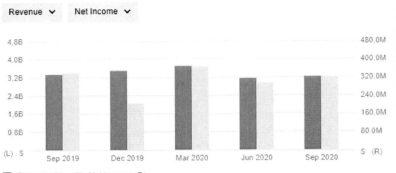

Formulario W-8
aplicable

Div Yield Curr (PrCmShdr DPS/CI Price)	1,25
Div Yield Annual (Anl Div/CI Price)	1,25
Div Yield 5Y Avg	1,87

Dividendo/Acción (TTM)	3,52

PE Exc xOr Itms	30,77

	MRQ	TTM	LFY
Payout Ratio	—	38,14	37,57

Perspectivas del sector: La verdad, no me gusta el sector, además, es un mal momento para comprar: está carísima. Hay otras acciones que ofrecen una rentabilidad por dividendo mucho mayor. Si cayese muchísimo el precio, quizás no sería mala opción, si cumple con sus accionistas como lleva haciendo desde hace más de cincuenta años, más de 3,5 $ de dividendos por acción al año está muy bien.

Aquellos que compraron hace tiempo, o con la caída provocada por los primeros meses de la pandemia, han hecho un excelente negocio: bajó hasta los 100 dólares por acción y ahora, casi un año después, está cerca de los 300.

Los segmentos en los que se divide su actividad son: sistemas de ingeniería, fluidos, equipos de refrigeración y alimentos.

Al igual que Parker-Hannifin Corp, es un productor de fabricación, pero, en este caso, no se trata de maquinaria industrial. Dover se dedica a la fabricación miscelánea, entre los productos que comercializa encontramos algunos destinados a la impresión textil digital, el sector automovilístico y mercados finales.

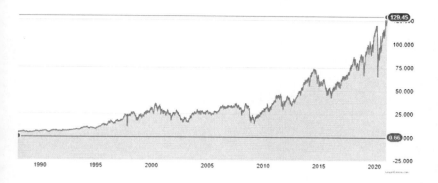

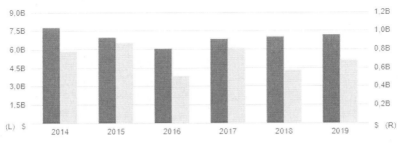

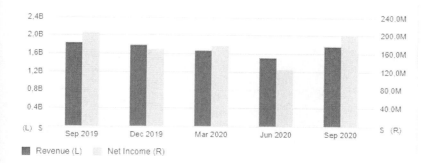

Formulario W-8 aplicable ✓

Div Yield Curr (PrCmShdr DPS/Cl Price)	1,52
Div Yield Annual (Anl Div/Cl Price)	1,53
Div Yield 5Y Avg	2,39

Dividendo/Acción (TTM) 1,97

PE Exc xOr Itms 28,18

	MRQ	TTM	LFY
Payout Ratio	—	42,44	41,63

Distribución de diversos repuestos: para automóviles, plantas industriales, oficinas, materiales eléctricos y electrónicos. Es un distribuidor mayorista, fue fundado por Carlyle Fraser en 1928. Su mercado principal es América del Norte: Canadá, Estados Unidos y México.

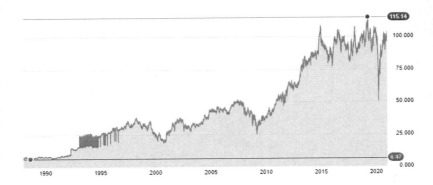

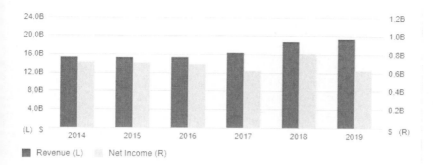

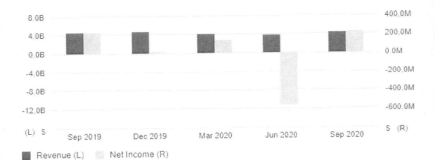

Formulario W-8 aplicable

Div Yield Curr (PrCmShdr DPS/Cl Price)		3,03
Div Yield Annual (Anl Div/Cl Price)		3,06
Div Yield 5Y Avg		2,99

	MRQ	TTM	LFY
Payout Ratio	—	8.762,36	71,03

PE Exc xOr Itms   4.145,21

Dividendo/Acción (TTM)   3,13

Perspectivas del sector: Tuvo una gran caída con la crisis del coronavirus, pero ya se ha recuperado. Aun así, es una opción interesante, no espectacular, pero tampoco mala. Puede estar bien en un porfolio conservador.

Diseño y fabricación de equipos de dispensación para adhesivos, selladores y recubrimientos industriales y de consumo. También fabricación de equipos para hacer pruebas e inspecciones de componentes electrónicos y sistemas basados en tecnología.

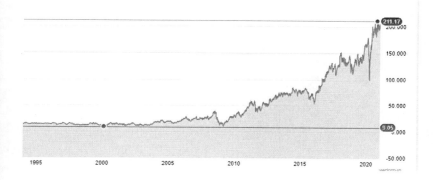

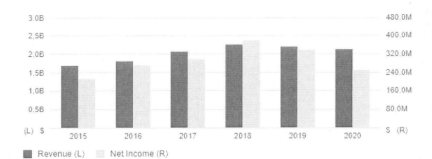

	2015	2016	2017	2018	2019	2020

Revenue (L) Net Income (R)

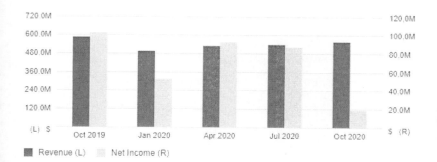

Formulario W-8 aplicable	✓

Div Yield Curr (PrCmShdr DPS/Cl Price)	0,75
Div Yield Annual (Anl Div/Cl Price)	0,77
Div Yield 5Y Avg	0,90

Dividendo/Acción (TTM)	1,53

PE Exc xOr Itms	47,58

	MRQ	TTM	LFY
Payout Ratio	—	35,40	35,40

Perspectivas del sector: Cotiza a un precio muy alto, pero ante bajadas como la que provocó el COVID-19, puede ser buen momento para comprar. Está en un sector aburrido, ideal para conservadores, aun así, hay opciones con mayor crecimiento en los datos financieros y dividendo más generoso.

Seguros de propiedad y de accidentes. Aunque es un sector con futuro, la digitalización está cambiando el modelo de negocio, y los dinosaurios suelen ser lentos. No obstante, todavía no se ha recuperado el precio de la acción de la caída por la crisis del coronavirus y, por lo tanto, hasta que llegue a su máximo histórico es una oportunidad para comprar a un precio atractivo.

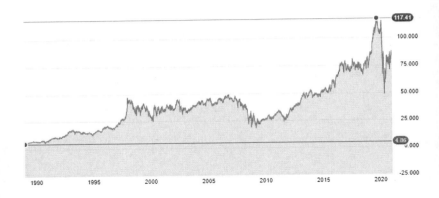

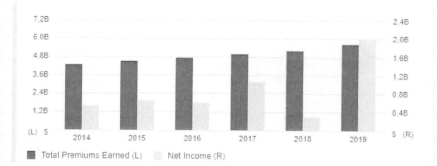

7.2B — 2.4B
6.0B — 2.0B
4.8B — 1.6B
3.6B — 1.2B
2.4B — 0.8B
1.2B — 0.4B

(L) $ $ (R)

2014   2015   2016   2017   2018   2019

■ Total Premiums Earned (L)   □ Net Income (R)

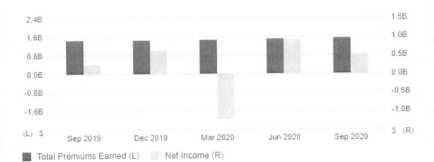

Formulario W-8 aplicable	✓
Dividendo/Acción (TTM)	2,32
PE Exc xOr Itms	18,10

Div Yield Curr (PrCmShdr DPS/Cl Price)	2,64
Div Yield Annual (Anl Div/Cl Price)	2,73
Div Yield 5Y Avg	2,55

	MRQ	TTM	LFY
Payout Ratio	—	48,05	18,28

Perspectivas del sector: Aunque puede que no sea la mejor opción, es una oportunidad interesante.

Fideicomiso de inversión inmobiliaria en centros comerciales en Estados Unidos.

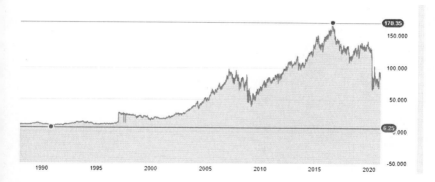

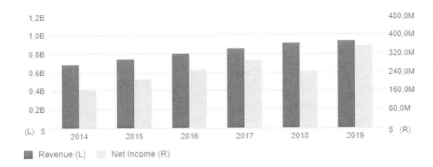

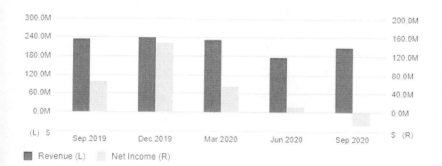

300.0M / 240.0M / 180.0M / 120.0M / 60.0M / 0.0M (L) $

200.0M / 160.0M / 120.0M / 80.0M / 40.0M / 0.0M $ (R)

Sep 2019   Dec 2019   Mar 2020   Jun 2020   Sep 2020

■ Revenue (L)   ▨ Net Income (R)

Formulario W-8 aplicable

Div Yield Curr (PrCmShdr DPS/Cl Price)		4,98
Div Yield Annual (Anl Div/Cl Price)		5,02
Div Yield 5Y Avg		2,94

Dividendo/Acción (TTM)	4,21

PE Exc xOr Itms	36,33

	MRQ	TTM	LFY
Payout Ratio	—	181,66	90,18

Perspectivas del sector: Magnífica oportunidad de compra para invertir en dividendos, especialmente antes de que se recupere de la caída provocada por la crisis sanitaria. Aunque les ha afectado en los resultados financieros, en los años anteriores hay una clara tendencia al crecimiento. La rentabilidad por dividendo ahora es especialmente alta (en comparación con la situación anterior a la pandemia).

Lancaster Colony

Productos de alimentación, diversas marcas.

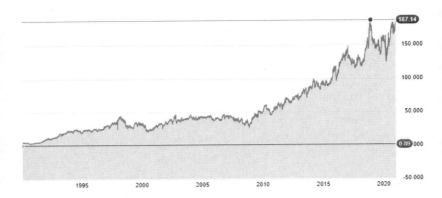

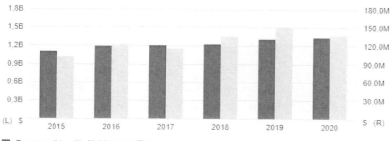

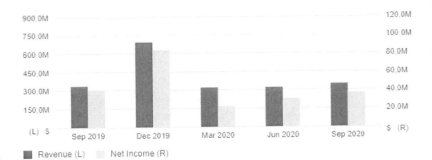

Formulario W-8 aplicable

Div Yield Curr (PrCmShdr DPS/Cl Price)	1,56
Div Yield Annual (Anl Div/Cl Price)	1,67
Div Yield 5Y Avg	1,70

Dividendo/Acción (TTM)	2,80

PE Exc xOr Itms	37,20

	MRQ	TTM	LFY
Payout Ratio	—	57,92	55,33

Perspectivas del sector: Parece una opción tranquila, segura, un reparto no demasiado alto y sostenible. Bajo riesgo.

Servicios públicos de agua y electricidad.

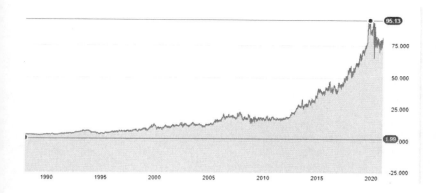

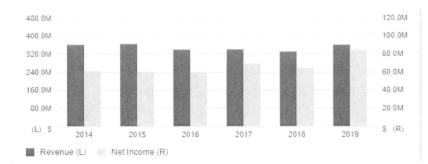

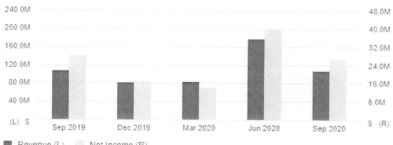

Revenue (L)   Net Income (R)

Formulario W-8 aplicable ✓

Div Yield Curr (PrCmShdr DPS/Cl Price) @		1,54
Div Yield Annual (Anl Div/Cl Price)		1,65
Div Yield 5Y Avg		1,67

Dividendo/Acción (TTM) 1,25

PE Exc xOr Itms 36,25

	MRQ	TTM	LFY
Payout Ratio	—	55,79	50,84

Perspectivas del sector: Otra opción conservadora, aunque, para mí, en este caso me parece demasiada pequeña la rentabilidad por dividendo.

Servicios públicos de agua potable y aguas residuales.

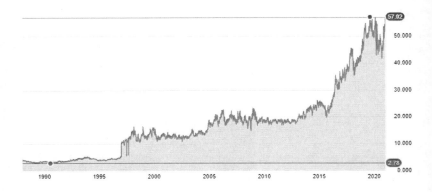

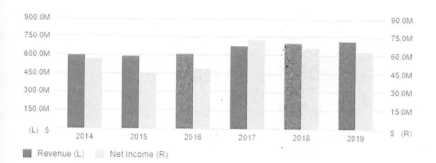

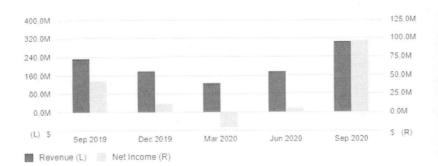

Revenue (L)   Net Income (R)

Formulario W-8 aplicable

Div Yield Curr (PrCmShdr DPS/Cl Price)	1,50
Div Yield Annual (Anl Div/Cl Price)	1,52
Div Yield 5Y Avg	1,79

Dividendo/Acción (TTM)	0,84

PE Exc xOr Itms	—

	MRQ	TTM	LFY
Payout Ratio	—	—	—

Perspectivas del sector: Un dividendo demasiado escaso para ser un rey del dividendo.

Stepan

Industria química. Opera a través de tres segmentos: surfactantes, polímeros y productos especializados.

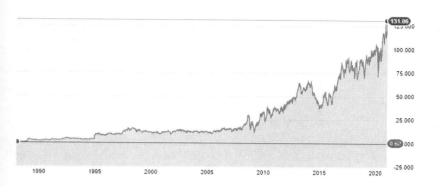

131.06

125.000

100.000

75.000

50.000

25.000

0.62 000

-25.000

1990   1995   2000   2005   2010   2015   2020

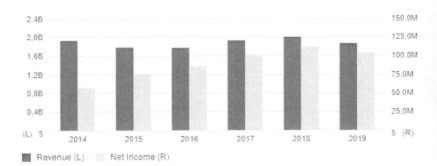

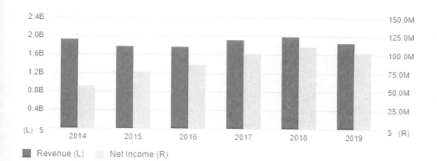

Formulario W-8 aplicable

Div Yield Curr (PrCmShdr DPS/Cl Price)	0,86
Div Yield Annual (Anl Div/Cl Price)	0,95
Div Yield 5Y Avg	1,11

Dividendo/Acción (TTM)	1,10

PE Exc xOr Itms	25,10

	MRQ	TTM	LFY
Payout Ratio	—	20,88	22,40

Perspectivas del sector: Rentabilidad ínfima por dividendo en este momento ínfima.

Facilita servicios infraestructurales, divide sus actividades en: Negocios e Industria, Aviación, Tecnología y Manufactura, Educación, Soluciones Técnicas y Salud.

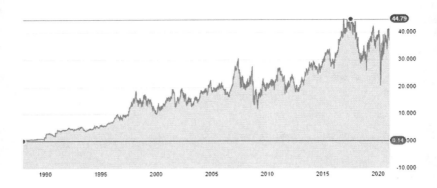

44.79

40.000

30.000

20.000

10.000

0.14 000

-10.000

1990   1995   2000   2005   2010   2015   2020

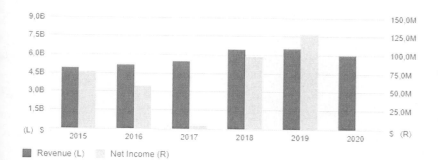

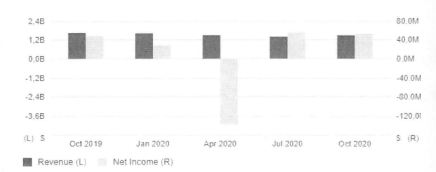

2.4B				80.0M
1.2B				40.0M
0.0B				0.0M
-1.2B				-40.0M
-2.4B				-80.0M
-3.6B				-120.0I

(L) $ Oct 2019   Jan 2020   Apr 2020   Jul 2020   Oct 2020 $ (R)

■ Revenue (L)   Net Income (R)

Formulario W-8 aplicable

Div Yield Curr (PrCmShdr DPS/Cl Price)	1,80
Div Yield Annual (Anl Div/Cl Price)	1,87
Div Yield 5Y Avg	1,90

Dividendo/Acción (TTM)   0,74

PE Exc xOr Itms   6.814,38

	MRQ	TTM	LFY
Payout Ratio	—	12.325,00	24.650,00

Gas natural y agua, opera a través de subsidiarias.

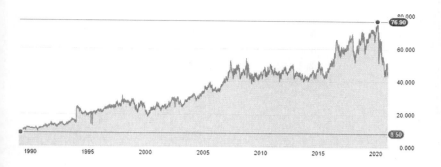

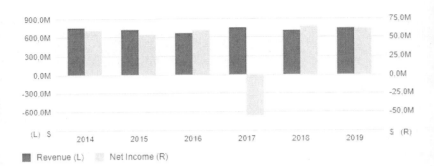

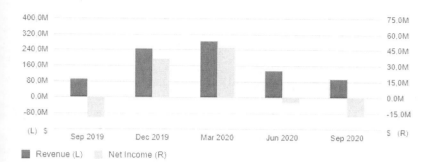

400.0M				75.0M
320.0M				60.0M
240.0M				45.0M
160.0M				30.0M
80.0M				15.0M
0.0M				0.0M
-80.0M				-15.0M

(L) $ Sep 2019   Dec 2019   Mar 2020   Jun 2020   Sep 2020 $ (R)

■ Revenue (L)   ■ Net Income (R)

Formulario W-8
aplicable   ⊗

Div Yield Curr (PrCmShdr DPS/Cl Price)	4,35
Div Yield Annual (Anl Div/Cl Price)	4,37
Div Yield 5Y Avg	3,09

Dividendo/Acción (TTM)	1,91

PE Exc xOr Itms	21,36

	MRQ	TTM	LFY
Payout Ratio	—	87,75	81,72

Perspectivas del sector: La falta de crecimiento y que no sea aplicable el formulario W-8 hacen que descarte invertir en esta empresa. Sin embargo, su PE no es muy alto, la rentabilidad por dividendo y el *pay-out* son atractivos para el accionista, además, si tienes residencia fiscal en Estados Unidos, no necesitas aplicar el formulario (y no pagarás tanto en impuestos).

Farmers & Merchants Bank

Banco fundado en 1907.

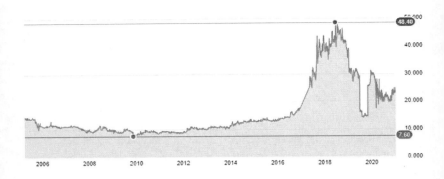

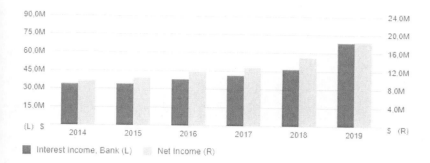

90.0M   24.0M

75.0M   20.0M

60.0M   16.0M

45.0M   12.0M

30.0M   8.0M

15.0M   4.0M

(L) $ 2014   2015   2016   2017   2018   2019 $ (R)

■ Interest income, Bank (L)   Net Income (R)

159

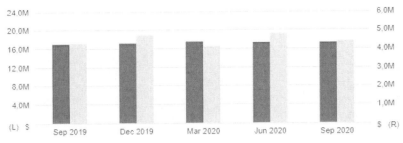

Formulario W-8
aplicable ⊗

Div Yield Curr (PrCmShdr DPS/Cl Price)	2,54
Div Yield Annual (Anl Div/Cl Price)	2,74
Div Yield 5Y Avg	1,78

Dividendo/Acción
(TTM)   0,63

PE Exc xOr Itms   15,44

	MRQ	TTM	LFY
Payout Ratio	—	40,15	36,87

Perspectivas del sector: El crecimiento de sus datos financieros es muy interesante, su PE también es bueno, sus dividendos no tanto. Una gran desventaja para lo que no tenemos residencia fiscal en Estados Unidos es que no es aplicable el formulario W-8.

Anteriormente conocida como Philip Morris Companies (hasta 2003), no solo el tabaco está entre los productos que comercializa, también bebida y comida.

Altria es dueña de Marlboro, un cuarto de AB Inbev (el mayor fabricante de cerveza del mundo y que también cotiza en bolsa), Kraft Foods y Nabisco.

Esta compañía opera en Estados Unidos, para la comercialización de los productos de Philip Morris en el resto del mundo la encargada es Philip Morris International, que es totalmente independiente de Altria.

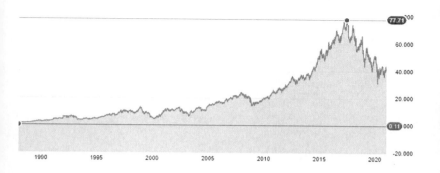

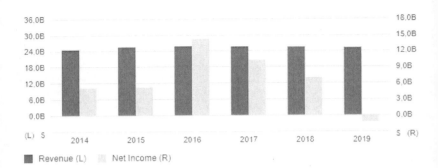

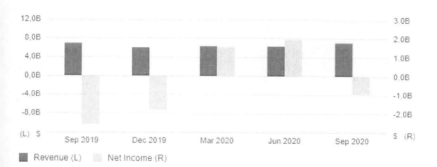

Formulario W-8 aplicable ✓

Div Yield Curr (PrCmShdr DPS/Cl Price)	2,54
Div Yield Annual (Anl Div/Cl Price)	2,74
Div Yield 5Y Avg	1,78

Dividendo/Acción (TTM)	3,38

PE Exc xOr Itms	88,88

	MRQ	TTM	LFY
Payout Ratio	—	726,10	—

Perspectivas del sector: No está claro su futuro, la cerveza seguramente siga consumiéndose mucho más tiempo, pero y ¿el tabaco? Su consumo lleva años descendiendo. Afortunadamente para los inversores de Altria, esta ya ha reconocido el problema y está diversificando, ha empezado a invertir en marihuana, un sector que sí que tiene un brillante futuro.

Es cierto que sus datos financieros son muy mejorables, pero, aún con ello, es un activo muy interesante ya que, aunque es posible invertir directamente en cannabis, con acciones de empresas como Aurora Cannabis o Canopy Growth, lo cierto es que son activos todavía muy especulativos, con unos precios que fluctúan enormemente (con la victoria de J. Biden he ganado dinero gracias a tener inversiones en cannabis, pero todavía no ha alcanzado los máximos históricos de cuando hubo la conocida como burbuja del cannabis) y que no reparten dividendo (son acciones de crecimiento). Por lo que invertir en Altria es una forma de invertir de forma segura en esa industria.

Fabricante de herramientas manuales.

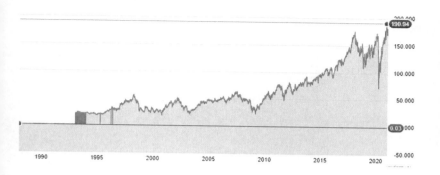

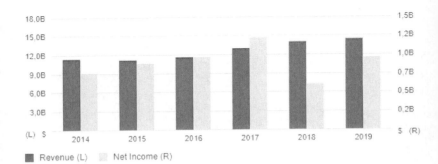

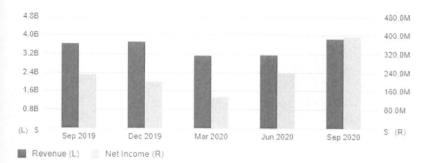

Formulario W-8 aplicable

Div Yield Curr (PrCmShdr DPS/Cl Price)	1,57
Div Yield Annual (Anl Div/Cl Price)	1,58
Div Yield 5Y Avg	1,79

Dividendo/Acción (TTM)   2,77

PE Exc xOr Itms   28,65

	MRQ	TTM	LFY
Payout Ratio	—	44,71	42,06

HB Fuller Company

Soluciones de adhesivos para productos.

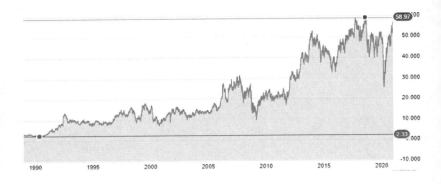

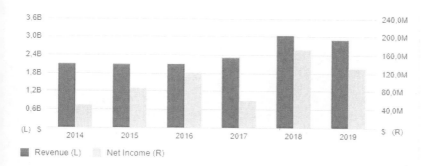

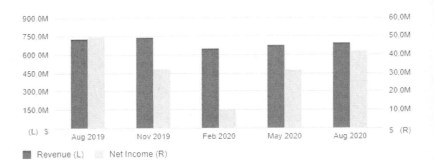

| | Revenue (L) | Net Income (R) |

Formulario W-8 aplicable

Div Yield Curr (PrCmShdr DPS/Cl Price)		1,17
Div Yield Annual (Anl Div/Cl Price)		1,18
Div Yield 5Y Avg		1,21

Dividendo/Acción (TTM)	0,65

PE Exc xOr Itms	25,02

	MRQ	TTM	LFY
Payout Ratio	—	29,01	24,99

Perspectivas del sector: Un negocio aburrido, pero bastante sólido. Los dividendos podrían ser más grandes, pero tampoco están mal, sobre todo teniendo en cuenta que siempre va creciendo (al menos así ha sido desde hace más de medio siglo).

Tiendas de mercancía general.

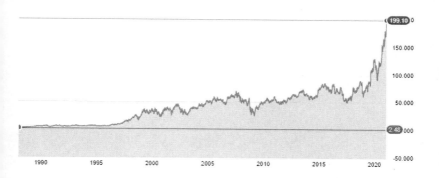

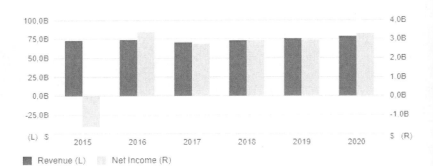

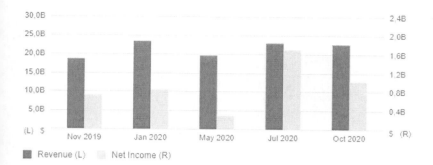

| | Nov 2019 | Jan 2020 | May 2020 | Jul 2020 | Oct 2020 |

■ Revenue (L) ■ Net Income (R)

Formulario W-8
aplicable

Div Yield Curr (PrCmShdr DPS/Cl Price)	1,36
Div Yield Annual (Anl Div/Cl Price)	1,39
Div Yield 5Y Avg	3,08

Dividendo/Acción (TTM)	2,66

PE Exc xOr Itms	25,88

	MRQ	TTM	LFY
Payout Ratio	—	35,65	41,14

Perspectivas del sector: Está excesivamente cara en este momento, llegamos tarde a la fiesta.

Fabrican productos de confitería.

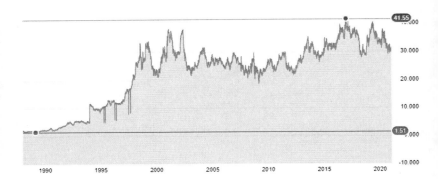

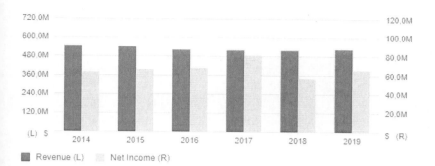

720.0M					120.0M
600.0M					100.0M
480.0M					80.0M
360.0M					60.0M
240.0M					40.0M
120.0M					20.0M

(L) $ 2014   2015   2016   2017   2018   2019 $ (R)

■ Revenue (L)   Net Income (R)

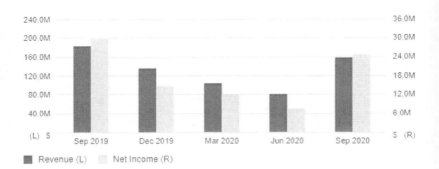

Formulario W-8
aplicable

Div Yield Curr (PrCmShdr DPS/Cl Price)	1,20
Div Yield Annual (Anl Div/Cl Price)	1,20
Div Yield 5Y Avg	1,06

Dividendo/Acción (TTM)	0,36

PE Exc xOr Itms	34,06

	MRQ	TTM	LFY
Payout Ratio	—	60,57	36,00

Está a un buen precio para entrar, pero el bajo dividendo, además de que no es aplicable el formulario, me quitan el interés.

Servicios de agua y servicios inmobiliarios.

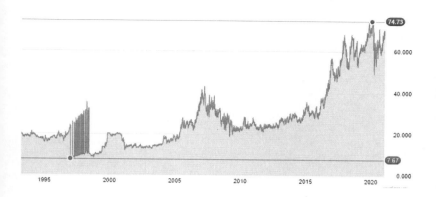

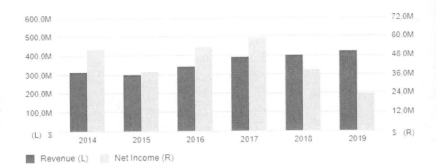

■ Revenue (L)	▨ Net Income (R)				

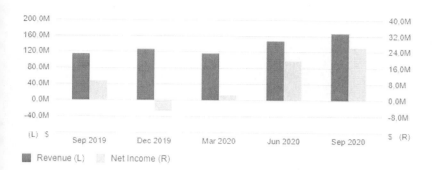

| | Sep 2019 | Dec 2019 | Mar 2020 | Jun 2020 | Sep 2020 |

Revenue (L) Net Income (R)

Formulario W-8 aplicable	✓	

Div Yield Curr (PrCmShdr DPS/Cl Price)	1,82
Div Yield Annual (Anl Div/Cl Price)	1,85
Div Yield 5Y Avg	1,73

Dividendo/Acción (TTM)	1,26

PE Exc xOr Itms	46,73

	MRQ	TTM	LFY
Payout Ratio	—	83,86	145,37

Parece un negocio seguro, habría que ver más datos, pero, aunque el rendimiento por dividendo es escaso, parece haber un buen crecimiento constante.

Es un holding que se dedica a todo el proceso del gas natural.

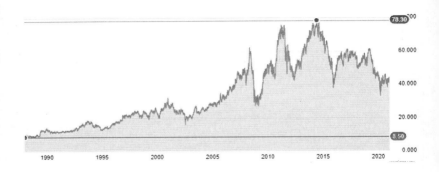

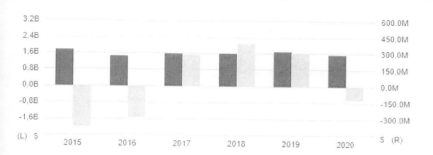

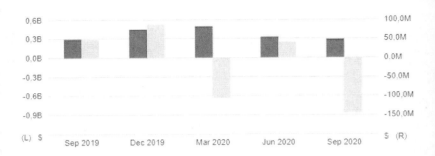

Formulario W-8 aplicable

Div Yield Curr (PrCmShdr DPS/Cl Price)	4,01
Div Yield Annual (Anl Div/Cl Price)	4,08
Div Yield 5Y Avg	3,28

Dividendo/Acción (TTM)   1,75

Se dedican a la hoja de tabaco.

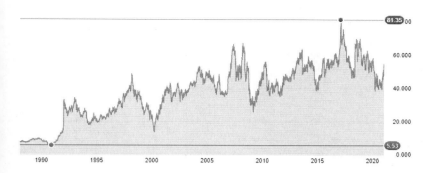

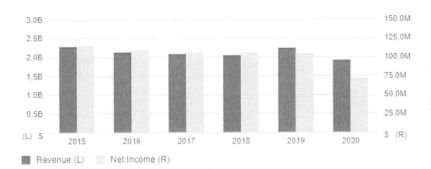

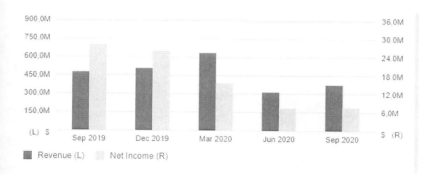

Formulario W-8 aplicable	✓

Div Yield Curr (PrCmShdr DPS/Cl Price)	5,91
Div Yield Annual (Anl Div/Cl Price)	5,97
Div Yield 5Y Avg	4,40

Dividendo/Acción (TTM)	3,05

PE Exc xOr Itms	22,83

	MRQ	TTM	LFY
Payout Ratio	—	133,32	104,89

Reitero lo mencionado en Altria, el consumo de tabaco está cayendo.

Servicios de distribución de comida.

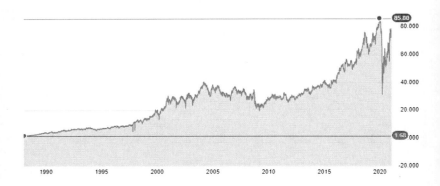

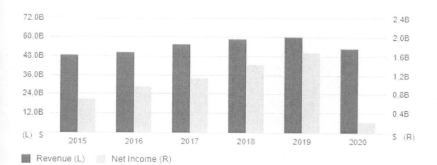

72.0B
60.0B
48.0B
36.0B
24.0B
12.0B
(L) $

2.4B
2.0B
1.6B
1.2B
0.8B
0.4B
$ (R)

2015   2016   2017   2018   2019   2020

■ Revenue (L)   ■ Net Income (R)

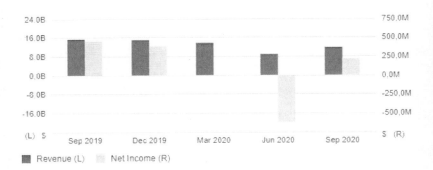

	Sep 2019	Dec 2019	Mar 2020	Jun 2020	Sep 2020

■ Revenue (L)　　■ Net Income (R)

Formulario W-8
aplicable

Div Yield Curr (PrCmShdr DPS/Cl Price)	2,24
Div Yield Annual (Anl Div/Cl Price)	2,32
Div Yield 5Y Avg	2,41

Dividendo/Acción (TTM)   1,74

	MRQ	TTM	LFY
Payout Ratio	—	—	410,31

Muchas de estas acciones están cerca de sus máximos históricos y puede no parecer un buen momento para comprar. Una opción es empezar una posición (ir comprando algunas acciones) sin emplear todo el dinero que tengas planeado invertir en la compañía y, si el precio baja, aprovechas tu liquidez para comprar más acciones.

También hay algunas que todavía no se han recuperado de los efectos de la pandemia, son magníficas oportunidades tanto para los dividendos como por la posible recuperación de sus precios de cotización.

El principal problema de los reyes de los dividendos es que algunos están ya un poco anticuados, puede ser oportuno tener algunos en el portafolio, pero es necesario conocer otras empresas, más jóvenes, que también dan excelentes resultados (aunque todavía no hayan logrado estar cincuenta años dando dividendos siempre y cada vez más grandes).

En este momento, mediados de enero de 2021, a los precios que cotizan actualmente los reyes del dividendo, hay tres que me parecen muy interesantes: Altria, Farmers & Merchants Bank y Federal Realty.

De las tres, el banco es la que menos me gusta, ya he operado con beneficios con Bank of America, Banco Santander y La Caixa, he comprado y vendido en aproximadamente medio año, en el largo plazo no me fío y, si tengo unos buenos rendimientos (más del 30 %), pues vendo y feliz.

Altria, me parece, está en negocios interesantes, ofrece un buen dividendo y está a un precio aceptable. Además, ayuda a diversificar porque sus propios activos son diversos y porque son sectores de los que no es tan fácil sacar tajada.

Federal Realty me parece una excelente inversión, aunque aquí sí que encuentro competidoras en su mismo sector y que también ofrecen jugosos dividendos: STORE Capital Corp, Simon Property, Realty Income y NEW RESIDENTIAL INVESTMENT Corp, por mencionar mis preferidas en estos momentos. Me encantan y soy propietario de una pequeña parte de todas ellas.

En estas acciones me he detenido más tiempo para que te sirvan de ejemplo de los datos mínimos que es útil observar antes de decidir una compra. Para lo que resta de libro, con la finalidad de ahorrar páginas y de centrarme en lo más valioso que puedo aportar, ya no acompañaré los nombres de las acciones de tanta información. Te animo a que, si te interesan, tú mismo indagues en los indicadores que consideres más relevantes y hagas tus propios análisis antes de operar.

Este es un índice lanzado por la agencia de calificación de riesgo Standard and Poor´s Financial Services en 2005 y tienen el privilegio de formar parte aquellas compañías del S&P 500 que llevan más de 25 años repartiendo dividendos crecientes.

El S&P 500 es un índice anterior, también de la famosa agencia, que incluye a 500 empresas que cotizan en bolsa de Nueva York (New York Stock Exchange, NYSE) y en el NASDAQ (National Association of Securities Dealers Automated Quotation).

De las 500, en enero de 2021, podemos encontrar 65 que lo han logrado, algunas son reyes del dividendo, el resto todavía no ha llegado a los 50 años, pero ya lleva más de la mitad; un cuarto de siglo pagando no está mal. Esta vez la presentación es agrupada por a qué se dedican, y alfabéticamente dentro de los mismos:

Productos básicos (*consumer staples*)

Archer-Daniels-Midland (ADM)

Amcor (AMCR)

Brown-Forman (BF-B)

Colgate-Palmolive (CL)

Clorox (CLX)

Coca-Cola (KO)

Hormel Foods (HRL)

Kimberly-Clark (KMB)

McCormick & Company (MKC)

PepsiCo (PEP)

Procter & Gamble (PG)

Sysco Corporation (SYY)

Walmart (WMT)

Walgreens Boots Alliance (WBA)

Industriales

A.O. Smith (AOS)

Cintas (CTAS)

Dover (DOV)

Emerson Electric (EMR)

Expeditors International (EXPD)

Illinois Tool Works (ITW)

3M (MMM)

Pentair (PNR)

Roper Technologies (ROP)

Stanley Black & Decker (SWK)

W.W. Grainger (GWW)

General Dynamics (GD)

Caterpillar (CAT)

Raytheon Technologies (RTX)

Otis Worldwide (OTIS)

Carrier Global (CARR)

Salud

Abbott Laboratories (ABT)

AbbVie (ABBV)

Becton, Dickinson & Company (BDX)

Cardinal Health (CAH)

Johnson & Johnson (JNJ)

Medtronic (MDT)

Productos no básicos (*consumer discretionary*)

Genuine Parts Company (GPC)

Leggett & Platt (LEG)

Lowe's Companies (LOW)

McDonald's (MCD)

Target (TGT)

V.F. Corporation (VFC)

Aflac (AFL)

Cincinnati Financial (CINF)

Franklin Resources (BEN)

S&P Global (SPGI)

T. Rowe Price Group (TROW)

Chubb (CB)

People's United Financial (PBCT)

Materiales

Air Products and Chemicals (APD) | [11/19/20]

Albemarle (ALB) | [11/5/20]

Ecolab (ECL) | [10/30/20]

PPG Industries (PPG) | [10/19/20]

Sherwin-Williams (SHW) | [10/27/20]

Nucor (NUE) | [11/11/20]

Linde (LIN) | [11/10/20]

Energía

Chevron (CVX) | [11/6/20]

Exxon Mobil (XOM) | [11/6/20]

Bienes raíces (*real estate*)

Essex Property Trust (ESS)

Federal Realty Investment Trust (FRT)

Realty Income (O)

Utilidades

Atmos Energy (ATO)

Consolidated Edison (ED)

Como hemos visto, los reyes del dividendo son aquellos activos que llevan repartiendo un dividendo siempre creciente desde hace más de medio siglo, pueden ser parte del S&P 500 o no. Cuando nos referimos a los aristócratas, en cambio, hacemos referencia a un índice ligado al S&P 500, por tanto, estas empresas deben estar en dicho índice y pueden presumir de llevar más de un cuarto de siglo aumentando el reparto de beneficios entre accionistas.

En la Unión Europea no encontramos ninguna compañía con más de 50 años repartiendo dividendos siempre en aumento, más de 25 solo podemos mencionar tres, dos alemanas, una belga:

Fresenius SE & Co KGAA O.N.   (FREG)

Fresenius Medical Care KGAA ST (FMEG)

Lotus Bakeries (LOTB)

Por ello, a veces consideran que los aristócratas de los dividendos son los casos por encima de diez años, aquí podemos encontrar, además de estas tres:

Air Liquide SA

Axel Springer SE

Bayer AG

Bouygues SA

Bureau Veritas SA

CNP Assurances SA

Danone SA

Deutsche EuroShop AG

EDP-Energias de Portugal SA

Eiffage SA

Enagas SA

ERG S.p.A.

Fielmann AG

Fraport AG

Fuchs Petrolub SE Pref

Groupe Bruxelles Lambert SA

Hera S.p.A.

I.M.A. Industria Macchine Automatiche

Inditex Consumo

Ingenico Group SA

Klepierre SA

Konecranes Oyj

Korian SA

Lagardere SCA

Munich Reinsurance

Publicis Groupe SA

Recordati S.p.A.

Red Electrica Corp. SA

Royal DSM NV

Royal Philips NV

Royal Vopak NV

Rubis SCA

Sanofi

Scor SE

Siemens AG

Societe BIC SA

Sodexo SA

Solvay SA

Total SA

VINCI SA

Wolters Kluwer NV

Fresenius SE & Co KGAA O.N. (FREG)

Fresenius Medical Care KGAA ST

Lotus Bakeries

Nestlé

En Reino Unido encontramos dos reyes del dividendo (más de 50 años):

City of London Investment Trust plc.

Alliance Trust

Y varias aristócratas, con más de 25:

Diageo plc

Spirax-Sarco Engineering plc

Cranswick plc

Spectris Group plc

Croda International plc

Derwent London

Halma plc

James Fisher and Sons plc

Aristócratas del dividendo en Canadá ,

Canadian Utilities

Fortis Inc

Toromont Industries

Canadian Western Bank

Atco Ltd.

Thompson Reuters

Imperial Oil

Empire Company Ltd.

Metro Inc.

Las dos primeras compañías de esta lista canadiense ya están muy cerca de convertirse en reyes del dividendo.

Red Eléctrica de España

Viscofan

Inditex

Enagás

Miquel y Costas

La lista es escasa, el que menos tiene apenas los diez años, la que más lleva más del doble, aunque todavía ninguna llega a los 25 años.

Top 60 rentabilidad por dividendo en EE. UU.

Lloyds Banking Group   10,93 %

Orange SA   8,00 %

Enterprise Products Partners 7,85 %

BCE   7,59 %

TransCanada   7,50 %

AT&T   7,13 %

Canadian Imperial Bank of Commerce   6,54 %

Simon Property Group   6,10 %

Philip Morris International   5,91 %

Bank of Montreal   5,36 %

Toronto-Dominion Bank   5,33 %

International Business Machines   5,14 %

GlaxoSmithKline   5,11 %

Royal Bank of Canada   5,08 %

AbbVie4,71 %

Verizon Communications   4,40 %

Southern   4,29 %

Pfizer Inc.   4,25 %

LyondellBasell Industries NV 4,25 %

General Motors GM 3,71 %

General Mills 3,63 %

Exelon EXC 3,62 %

MetLife MET 3,57 %

American Electric Power 3,55 %

3M 3,55 %

BHP Group 3,49 %

U.S. Bancorp 3,47 %

Sempra Energy 3,42 %

Coca-Cola 3,37 %

Citigroup 3,31 %

Kimberly-Clark 3,26 %

Cisco Systems 3,20 %

Merck & Co 3,12 %

HPQ 3,08 %

Lockheed Martin 2,99 %

PNC Financial Services Group 2,97 %

Amgen 2,95 %

General Dynamics   2,87 %

Aflac   2,86 %

PepsiCo   2,84 %

Bank of New York Mellon   2,72 %

Paychex   2,70 %

Xcel Energy   2,62 %

CVS Health   2,62 %

JPMorgan Chase & Co   2,60 %

Newmont Mining   2,58 %

Intel   2,56 %

Johnson & Johnson   2,56 %

Eversource Energy   2,56 %

Emerson Electric   2,44 %

Cummins   2,44 %

Travelers Cos.   2,37 %

Procter & Gamble   2,30 %

Hershey   2,18 %

Home Depot   2,18 %

Bank of America   2,18 %

Automatic Data Processing 2,17 %

Mondelez International MDLZ 2,17 %

Colgate-Palmolive 2,15 %

Honda Motor 2,12 %

Gilead Sciences: **biofarmacéutica.**

Brookfield Asset Management: es una canadiense (aunque cotiza en Nueva York) que se dedica a la gestión de activo, tiene un portafolio diversificado que incluye energías renovables, propiedades e infraestructura.

Carnival Corp: una de las compañías de cruceros más importantes del mundo, la pandemia ha hecho caer su precio.

MTBC

Sector con mucho futuro: proveedor de servicios tecnológicos para la medicina.

American Express Company

El uso de dinero electrónico es cada vez mayor, si siguen sabiendo sacar tajada, serán cada vez más grandes.

Starbucks Corp.

La famosa cafetería expandida por todo el mundo merecía estar en un libro como este.

Recuerda que su negocio no es (solo) el café, es el espacio en el que te lo ofrecen.

Conclusiones

Es interesante, para acabar el libro, mencionar un concepto que es diferente en castellano y en inglés, en el mundo latino y en el anglosajón. Me refiero a lo que llamamos una empresa pública, para los que hablamos español, esto significa que la dueña es el Estado, es decir, que está bajo el control del gobierno. En cambio, en inglés, cuando se dice que una empresa es pública (*public*) esto significa que cualquiera puede comprar acciones de ella, que sus datos contables son públicos, y no privados.

Son dos formas de ver el mundo.

Quiero que este libro acabe con un brindis en honor a lo público, entendido tanto de un modo como de otro, es algo que debemos defender. Gracias a lo público nuestra calidad de vida es tan buena.

Espero que con estas lecturas hayas podido ver que la bolsa no es tan complicada como algunos la quieren hacer parecer. Nunca he perdido dinero invirtiendo, ni un solo céntimo, jamás he cerrado una posición con pérdidas. Mi cartera se revaloriza y cobro dividendos constantemente. Y tú puedes hacer lo mismo.

La libertad financiera lograda exclusivamente con dividendos no es una opción fácil ni la más deseable. Lo normal es que los dividendos sean un ingreso más, totalmente pasivo, y creciente. Pero que sean la única fuente de ingresos no es lo habitual. Te ayudan a lograr la libertad, y pueden incluso garantizarla, pero bien harías en diversificar de dónde procede tu dinero y no depender de un solo tipo de activo.

Para ayudarte con ello, tengo otros libros en lo que explico diversas cuestiones relacionadas con la libertad que te ayudarán a mejorar en todos los aspectos de tu vida.

Páginas   web   recomendadas   para   consultar   datos

Para acciones de EE. UU. y Reino Unido: https://a2-finance.com/es

Para cualquier acción: Yahoo Finance

Recuerda que también puedes revisar las páginas webs de las compañías y la de la bolsa en la que desees operar.

Libros de autores recomendados para aquellos que quieran profundizar en temas teóricos

Conoce la Bolsa y deja de tenerle miedo, de Gregorio Hernández Jiménez

Introducción a la Inversión: Cultura financiera, activos en los que invertir y modalidades de inversión en Bolsa, de Javier García de Tiedra González

Warren Buffett y la interpretación de estados financieros: Invertir en empresas con ventaja competitiva, de David Clark y Mary Buffett

Batiendo a Wall Street, de Peter Lynch con la colaboración de John Rothchild (Value School)

He escrito algunos libros que puedes conseguir gratis con <u>Kindle Unlimited</u>.

Si te interesa empezar nuevos negocios, no te puedes perder:

Negocios para ganar dinero con la pandemia de coronavirus: Las mejores propuestas para el éxito financiero.

Una obra básica es Aprende a invertir: Qué es invertir y cuáles son los tipos de activos.

La mejor trilogía sobre invertir en bolsa:

Invertir en bolsa 2020 2021: Estrategia para ganar dinero con la pandemia de coronavirus (Inversiones en bolsa con inteligencia nº 1).

Invertir en la bolsa española 2020 2021: Operativa para ganar dinero con la pandemia de coronavirus (Inversiones en bolsa con inteligencia nº 2).

Invertir en la bolsa de Wall Street (Estados Unidos) (Actualizado era Biden y vacuna) 2020 2021: Operativa para ganar dinero con la pandemia de coronavirus ... en bolsa con inteligencia nº 3).

Descarga de responsabilidad

Este libro no es un asesoramiento financiero profesional. No debe ser entendido como recomendaciones de compra, cada persona es responsable de sus actos y sus inversiones, ni el autor ni los colaboradores se hacen cargo de las consecuencias de acciones inspiradas en esta lectura.

Debes tomar tus propias decisiones asumiendo los riesgos que sean aceptables para ti.

No se recomienda invertir en bolsa dinero que puedas necesitar.

GRACIAS POR ELEGIR ANTONIO ROBINHOOD

Te queremos recompensar tu compra dándote más de lo que esperabas: otro libro del mismo autor totalmente gratis. Lo puedes descargar siguiendo el enlace: https://www.subscribepage.com/librosdefinanzas.

También puedes hacerlo con el código QR:

Síguenos en redes sociales, puedes encontrarnos en Facebook con este enlace https://fb.me/antoniorobinhood y enviar mensajes en https://m.me/antoniorobinhood.

Y en Instagram: @antoniorobinhood.

Si te ha gustado no te olvides de dejarme una reseña de 5 estrellas en Amazon.

¡Muchas gracias por llegar hasta aquí!

Esperamos que tengas magníficas inversiones.

Puedes escribirnos y seguirnos en las redes sociales:

 www.crearycorregir.com

 contacto@crearycorregir.com

 @crear_corregir

 @Crear y Corregir

 @Crear_Corregir

 Crear y Corregir

CREARYCORREGIR.COM